STAR WARS™

APPRENTI MERCENAIRE

STAR WARS

BOBA FETT

Terry BISSON

Apprenti mercenaire

Traduit de l'américain
par Natacha Godeau

POCKET
jeunesse

Titre original :
The Fight to Survive

Publié pour la première fois en 2002
aux États-Unis par Scholastic Inc.

Ce livre est publié sous la direction de
Jacques GOIMARD

Loi n° 49-956 du 16 juillet 1949 sur les publications
destinées à la jeunesse : mai 2002.

ISBN 2-266-09920-5

CHAPITRE PREMIER

La pluie. On aime ou on déteste. Certains, comme Boba Fett, n'ont guère connu de jours sans.

Car, si la pluie est chose rare dans la galaxie, sur sa planète à lui, elle tombe à verse. Jour et nuit. Kamino est d'ailleurs entièrement recouverte d'eau ; des mers à perte de vue, exception faite de quelques villes construites sur pilotis.

Parmi elles, Tipoca City. Boba y vivait heureux, avec son père. Jusqu'au jour où...

Voici pourquoi, voici comment ils sont partis, et ce qu'il advint par la suite...

Jango Fett était tenu pour le chasseur de primes le plus féroce, le plus impitoyable et le plus intrépide de la galaxie.

Il emmenait très souvent son fils en mission avec lui. Boba n'avait que dix ans, mais il adorait accompagner son père. Il découvrait de nouvelles planètes, frissonnait à la vitesse-lumière, en hyperespace, ou bien s'entraînait à piloter *Slave I*, l'implacable vaisseau stellaire de Jango.

Il faut savoir qu'un chasseur de primes est un hors-la-loi, un assassin qui loue ses services au plus offrant — et donc aux plus riches — sans se soucier de sa cible, ni poser de questions.

Un fils de mercenaire doit, lui, garder le silence, et l'œil aux aguets. Ce n'était pas un problème pour Boba ; il admirait tellement son père !

« Je suis le fils d'un chasseur de primes ! », se répétait-il fièrement.

Auprès de qui d'autre aurait-il pu s'en vanter ? On ne peut pas se faire d'amis quand on vit dans le secret et qu'on voyage incognito, qu'on se cache des services de sécurité… et surtout de ces redoutables fouineurs de Chevaliers Jedi !

Un chasseur de primes doit être prêt à aller partout, au mépris de tous les dangers.

Telle était la Loi, l'une des règles du Code de Jango Fett. Boba en avait édicté une autre :

Le fils du chasseur de primes doit être prêt à suivre son père. Toujours.

Malgré son jeune âge, Boba connaissait mieux la galaxie que la plupart des adultes. Par contre, il ignorait le sourire d'une mère — il n'avait pas de mère. Une salle de classe, non plus, il ne savait pas ce que c'était — il n'allait pas à l'école.

Mais ne pas fréquenter l'école ne signifiait pas qu'il était stupide, ou inculte.

Parce qu'il y avait les livres. Les livres qu'il emportait en voyage ; les livres qu'il lisait chez lui, sur Kamino. Il lui suffisait de se rendre à la petite bibliothèque, au bout de sa rue, à Tipoca City. Ce n'était qu'une fente dans une porte. Boba sonnait, et le bibliothécaire lui faisait glisser ses nouveaux livres — pas plus de deux à la fois ! — par le trou. Il récupérait de la même manière ceux que Boba lui rapportait après les avoir terminés… ou abandonnés.

Whrr, le bibliothécaire, était presque un ami pour Boba. Bien qu'en fait il ne l'ait jamais vu. Il se demandait même s'il était une personne. Peut-être un droïde. Il entendait vrombir et cliqueter quand il lui passait ses livres, ou ses HoloGames, à travers la fente. Plutôt des livres, d'ailleurs. Whrr n'appréciait pas les jeux holographiques.

— Utilise ton imagination ! disait la voix métallique. Crée tes propres images, ta propre musique !

Boba partageait son avis. Il préférait les visions nées de ses lectures à celles toutes faites des HoloGames.

C'était aussi dans les livres que Boba avait appris le sens du mot amitié.

Beaucoup, beaucoup d'histoires parlaient d'amis partis à l'aventure, en exploration, ou passant simplement du bon temps ensemble.

Parfois, Boba feignait d'avoir des copains — feindre, c'est souhaiter un peu.

Mais la voix de son père, dans sa tête, le ramenait chaque fois à la réalité.

— Fils, souviens-toi de ne jamais t'attacher à personne. Que cette règle soit tienne : *Ni amis, ni ennemis. Juste des alliés, et des adversaires.*

Le Code de Jango Fett. Encore.

Pourtant, Jango, lui, avait une amie : Zam Wesell. Un mercenaire, comme lui. Mais au féminin…

Si Zam était très belle, elle était aussi très cruelle. Elle *aimait* se montrer dure. Ses récits favoris décrivaient des batailles sanglantes, évoquaient le destin de fameux hors-la-loi.

— Tu as soif d'aventures, Boba ? Alors *lis*, avait-elle conseillé la première. Au moins, tu peux refermer ton livre, quand tu en as marre. Ce n'est pas comme dans la vie…

— Perte de temps ! avait répliqué Jango Fett qui, lui, lisait peu. Consulte cartes et plans, fils. Apprends consignes et recommandations… Des trucs utiles.

Boba n'oubliait pas son instruction, mais il préférait les romans. Surtout ceux avec des droïdes et des vaisseaux spatiaux. Son avenir, quoi.

Il soupçonnait Zam de l'avoir poussé à lire uniquement pour taquiner Jango ; elle adorait le faire enrager !

Zam appartenait à la race des Clawdite. Elle pouvait se métamorphoser, changer d'aspect à volonté.

Une vraie mère ne ferait pas cela, Boba en avait la certitude, même s'il n'en avait jamais rencontré qu'au hasard de ses lectures.

« Ça doit être bien, une maman… », songeait-il souvent.

Un jour, étant petit, il avait demandé à son père qui était sa mère.

— Tu n'en as jamais eu, avait répondu Jango. Tu es un clone. Tu es *mon* fils. Pas de femme là-dedans. Juste moi.

Cela signifiait que Boba était en tout point identique à Jango Fett. Cela signifiait aussi qu'il était quelqu'un de spécial… qui regrettait quand même de ne pas avoir de mère.

Ils habitaient sur Kamino, car Jango Fett avait été chargé par le Comte Tyranus de former une armée de super-soldats.

Boba adorait les regarder défiler, en rangs serrés, sous la pluie. Ils ne regimbaient jamais et ressemblaient tous à son père, en fait, mais en plus jeunes. Ou à lui-même, mais en plus vieux.

— Eux aussi sont mes clones, avait expliqué Jango.

Boba n'avait pas été surpris, mais un peu déconfit.

— Des clones comme moi, alors ?

— Non, fils. Ils ne sont que des soldats. Ils grandissent deux fois plus vite, et vivent deux fois moins longtemps. Toi seul es mon véritable clone, toi seul es mon fils.

— Oh, je vois…

Boba était rassuré. N'empêche, après ça, il n'était plus jamais retourné admirer l'armée s'entraîner. Et puis, il ne se sentait plus si spécial, maintenant…

Tyranus était un vieil homme au visage long et anguleux, avec le regard acéré d'un faucon. Boba ne l'avait jamais vu en chair et en os. Juste en hologramme, lorsqu'il apparaissait afin de donner ses instructions. Il se renseignait aussi régulièrement sur les progrès des soldats clonés.

Jango l'appelait « Comte » ; il s'adressait à lui avec déférence. Ce qui ne signifiait pas pour autant qu'il l'appréciait…

Toujours faire preuve de politesse envers un client, préconisait le Code.

Un soir, Boba entendit le Comte proposer une mission à son père sur une planète lointaine. Rusé, le vieil homme insista sur l'aspect hyper-dangereux du travail. Selon Boba, il le fit exprès pour convaincre Jango. En tout cas, son père accepta, en précisant qu'il partirait avec Zam Wesell.

Le garçon sourit. S'ils s'absentaient tous les deux, forcément ils l'emmèneraient !

Manque de chance…

Le lendemain matin, Jango lui annonça leur départ en enfilant son armure.

— Je viens aussi ? demanda Boba, plein d'espoir.

Son père secoua la tête.

— Non, fils. Tu restes ici.

— Mais, je…

— *Un chasseur de primes ne se plaint jamais*, récita Jango avant d'ajouter : Et son fils non plus.

— Mais…

— Il n'y a pas de « mais ». C'est une mission spéciale pour le Comte. Zam et moi devons voyager vite et léger.

— Je suis rapide, remarqua le garçon. Et je ne pèse pas bien lourd !

Jango Fett rit de bon cœur. Il caressa tendrement la tête de son fils.

— Pas assez lourd en effet pour nous accompagner. Mais suffisamment tout de même pour demeurer seul à la maison. Cela ne durera que quelques jours.

Le matin suivant, Boba s'éveilla donc seul dans l'appartement. Seul… ou presque. Car son père lui avait laissé une cuvette avec cinq sea-mouse à l'intérieur, ainsi qu'une note : *Nous serons de retour quand il n'en restera plus*.

Les sea-mouse respirent aussi bien sur terre que dans un milieu aquatique. Ce sont des animaux incroyablement mignons, avec de grands yeux bruns et de petites pattes qui se transforment en nageoires lorsqu'on les met dans l'eau.

Ils sont également incroyablement savoureux… pour peu que vous soyez une anguille de mer.

Et Jango avait justement une anguille de mer dans un aquarium…

CHAPITRE II

Boba fut étonné de constater qu'il aimait se trouver seul à la maison.

Il avait l'appartement rien qu'à lui, et le distributeur de la cuisine lui fournissait trois plaquettes chaudes par jour.

Le garçon pouvait en outre aller et venir à son gré. Flâner au spatioport, rêver qu'il s'installait aux commandes des magnifiques chasseurs. Il jouait au chasseur de primes, traquant des gens qui ne se doutaient de rien dans la rue. Et quand il était fatigué de la pluie incessante, il lisait, pelotonné sur le canapé.

Il ne s'agissait pas de solitude.

Jango Fett parlait à peine. Mais, en son absence, sa voix résonnait sans arrêt à l'esprit de Boba. « Boba, fais ceci. Boba, fais cela. »

C'était presque aussi bien que s'il était là.

Mieux, en fait.

Les deux premiers jours passèrent vite. Ensuite, Boba réalisa que son père et Zam rentreraient dans trois jours : il y avait encore trois sea-mouse dans la cuvette.

Chaque matin, le garçon devait en placer un dans l'aquarium d'Anguille, comme on l'appelait, car elle n'avait pas reçu de nom.

Boba détestait ses yeux minuscules et sa gueule immense. Et la façon qu'elle avait de gober le sea-mouse tout cru, puis de le digérer lentement jusqu'au soir... Beurk ! De quoi vous donner la chair de poule !

D'habitude, c'était Jango Fett qui se chargeait de nourrir Anguille. À Boba, maintenant ! Le mot était clair : *Nous serons de retour quand il n'en restera plus.*

Jango jugeait capital que son fils apprenne à faire face aux obligations de l'existence, même lorsque c'était répugnant. Ou cruel.

Un chasseur de primes est libre de toute forme d'affection et de sentiment, dictait la Loi de Jango. Une autre disait : *La vie se nourrit fatalement de la mort.*

Pourtant, le lendemain, Boba décida d'épargner le sea-mouse. Les pauvres bêtes lui faisaient décidément trop pitié... Pourquoi ne pas partager son petit déjeuner avec Anguille, à la place ?

Après tout, le Code de Jango prétendait : *Ne pas se laisser enfermer dans la routine. Les habitudes sont des pièges.*

— D'accord, papa ! lança Boba en jetant la

moitié de son petit pain dans l'aquarium ; il disparut en un instant.

Alors, il pêcha un sea-mouse dans la cuvette. L'animal s'agrippa de ses pattes frêles aux doigts de Boba, qui songea :

« Il doit sentir que je ne vais pas le livrer en pâture à Anguille… »

Mais non. Les deux autres s'étaient montrés aussi confiants, avant, et il les avait pourtant plongés dans l'aquarium…

— Mais aujourd'hui, il ne se trompe pas, décida Boba. Il doit disparaître… pas forcément dans l'estomac d'Anguille ! Je vais lui rendre sa liberté !

Fidèle à son plan, il gagna le couloir du bâtiment, emporta le sea-mouse dans le turboascenseur et sortit le déposer au milieu du jardin aquatique, derrière l'immeuble.

— Adieu, mon mignon. Tu es libre !

L'animal regarda Boba d'un air plus terrifié que joyeux. Pensant qu'il ne connaissait pas la liberté, le garçon l'aida à s'enfuir en le poussant doucement de l'index. La fragile créature se fondit dans les herbes hautes. Leur frémissement indiquait la direction qu'elle prenait…

Soudain, Boba perçut un mouvement dans la végétation… suivi d'un sinistre couinement d'agonie. Puis le silence.

CHAPITRE III

Cet après-midi-là, Boba se rendit à la bibliothèque. Ça lui remontait souvent le moral.

Il enfonça ses livres dans la fente. La lumière s'alluma et Whrr vrombit et cliqueta :

— Boba Fett ! Comment te sens-tu ?

— Pas génial, tu sais.

Et il lui raconta, pour le sea-mouse.

— Pas génial, en effet, reconnut Whrr. Au moins, tu as essayé de le sauver. La vie est difficile, je suppose, pour les plus faibles d'entre nous.

— Tu « supposes » ?

— Eh bien, oui, qu'en saurais-je exactement ? C'est pour cela que je me cache ici.

Il ronronna, comme toujours au moment de changer de sujet.

— Alors, tu veux de nouveaux livres… Tu as entièrement fini ceux-là ?

— Presque. J'aime les histoires de navigation et de vaisseaux spatiaux.

Whrr lui passa ses nouveaux livres.

— Tu lis plus vite. C'est une bonne chose.

— Pourquoi ?

— Plus tu lis vite, plus tu peux découvrir de livres !

Boba éclata de rire.

— Tu te moques de moi ? demanda Whrr, un peu vexé.

— Mon père dit qu'un pilote voit des vaisseaux partout.

— Et alors ?

— Alors, Whrr, si on t'écoutait, tout le monde lirait des livres.

Whrr émit un clic réprobateur.

— Et après ? Je ne vois pas ce qu'il y a de comique là-dedans, Boba !

— Pas grave. À bientôt, Whrr !

Sur quoi, Boba récupéra ses livres avant de partir en courant.

Le moment était déjà venu de sacrifier un autre sea-mouse.

Boba s'éveilla bien déterminé à agir correctement, cette fois. Il donna à Anguille *tout* son petit déjeuner. Elle n'en fit qu'une bouchée.

Ensuite, il alla vers la cuvette. Les deux derniers sea-mouse lui lancèrent un regard suppliant.

Il en attrapa un.

— Je dois vous faire disparaître, pour que papa et Zam puissent revenir. Mais je ne suis pas obligé de vous donner en pâture à Anguille. Je vais vous libérer pour de vrai.

Il verrouilla la porte de l'appartement et descendit dans la rue, le sea-mouse à l'abri sous sa chemise. Apparemment, l'animal s'y sentait en sécurité, car, quand il l'en retira, il le trouva endormi.

Boba se dirigeait vers la périphérie de Tipoca City, bâtie en surplomb de la mer. Il aurait voulu voir les pattes du sea-mouse se transformer en nageoires ; c'était pour ça qu'il l'avait sorti avant, sous la pluie. Mais en vain.

« J'imagine qu'il lui faut de l'eau de mer », en conclut Boba, qui entendit bientôt le bruit infernal des vagues en furie.

À cause de ce tapage incessant, les gens avaient surnommé Kamino la « Planète aux mille tonnerres ».

Boba se cramponna au parapet et se pencha par-dessus la plate-forme, guettant une accalmie.

Soudain, le ressac ralentit ; l'instant parfait pour y relâcher un délicat sea-mouse.

— Te voilà libre, mon vieux ! s'exclama Boba en le laissant glisser dans l'eau.

L'animal leva les yeux sur lui en tombant, comme s'il souhaitait jeter un dernier regard à son bienfaiteur, son protecteur, son sauveur : le grand Boba Fett en personne !

Il toucha la surface dans un ploc.

Alors Boba aperçut une ombre à l'affût, entre deux vagues, ainsi que l'éclat de dents pointues, une mâchoire qui s'ouvrit sur la petite créature sans défense...

Et le sea-mouse disparut.

Totalement. Pas une trace, pas une goutte de sang qui flottait.

Boba passa le reste de la journée à jouer aux HoloGames et à regarder par la fenêtre. Il en avait assez des livres. Ils parlaient tout le temps de familles unies, d'amis... et d'animaux de compagnie.

Boba en avait assez d'être tout seul à la maison.

Les blagues de Zam lui manquaient. Même les débiles. Et même les sempiternels dictons paternels qu'il connaissait par cœur lui manquaient !

Le matin du dernier jour, il s'empara du dernier sea-mouse et l'offrit à Anguille en guise de petit déjeuner.

— Désolé, dit-il. Mais c'est ainsi que fonctionne le monde, apparemment...

Puis il petit-déjeuna et attendit le retour de Jango et de Zam...

CHAPITRE IV

Toute la journée, Boba fut sur des charbons ardents.

Enfin, en début de soirée, il entendit la délicieuse symphonie des serrures de la porte d'entrée… et Jango Fett pénétra dans l'appartement, impressionnant d'assurance dans son armure mandalorienne ruisselante de pluie qui laissait une flaque sur le sol.

— Ha, papa ! Mais… mais où est Zam ?

— Plus tard, fils, plus tard.

Boba observa son père tandis qu'il ôtait son armure. Sans elle, Jango paraissait beaucoup moins imposant. Sous son casque représentant un visage impitoyable, cruel, il cachait une figure triste, couturée d'anciennes cicatrices.

Le garçon ne se posait pas la question de savoir quel était le « vrai » Jango. Pour lui, le père inquiet et le guerrier intrépide ne faisaient qu'un.

— Où est Zam ? répéta-t-il.

— Pourquoi, fils ?

— Heu... j'ai une blague à lui raconter, mentit Boba.

Il en trouverait bien une le moment venu !

Jango déclara froidement :

— Eh bien, garde-la pour quelqu'un d'autre, fils.

Quelqu'un d'autre... mais il n'y avait *personne* d'autre ! Sachant qu'il était inutile d'insister et que son père désirait être seul, Boba tourna les talons, tête basse.

— Boba... Zam ne reviendra plus.

Le garçon s'arrêta sur le seuil de la pièce.

— Elle ne reviendra *plus* ?

— Non.

Un « plus » qui signifiait « jamais »...

De retour de mission, Jango nettoyait bien un peu sa vieille armure, mais jamais trop à fond. Il ne touchait pas à ses éraflures.

— Veille à ne pas la faire briller, recommanda-t-il à Boba alors qu'ils s'en occupaient ensemble. *Ne jamais attirer l'attention sur soi.*

— Yes, sir !

Jango Fett avait l'air plus abattu qu'à l'accoutumée. Cela avait-il un rapport avec Zam ?

Boba trouva finalement le courage de lui demander ce qu'il s'était passé.

— Zam allait nous trahir. On ne pouvait la laisser faire. Il existe des sanctions… Elle aurait fait la même chose s'il s'était agi de moi.

Le garçon ne comprenait pas ce que son père tentait de lui dire. Il s'enquit :

— Il lui est arrivé quelque chose de mal, à Zam ?

Jango hocha la tête avec lenteur.

— Écoute, fils. Un mercenaire ne rentre pas toujours chez lui. Un jour ou l'autre, l'inévitable se produit…

— Qu'est-ce que ça veut dire, « inévitable » ?

— L'inévitable est un fait certain. La mort est un fait certain.

Boba déglutit avec peine.

— Alors… alors, Zam est morte… ?

Jango acquiesça.

Le garçon refoula ses larmes.

— Co… comment est-ce…

— Tu n'as aucune envie de le savoir, fils.

Une vague de chagrin submergea Boba. Suivie d'un flot glacé de terreur. Et si ce qui était arrivé à Zam arrivait à son père… ?

Non, Jango avait raison : il ne voulait pas le savoir !

Une fois l'armure remise en état et les armes rechargées, Boba sortit marcher. Il descendit, puis remonta la rue.

Zam, morte. Plus de blagues idiotes, plus de crises de rire. L'univers du petit garçon lui parut encore plus vide.

Kamino est une planète idéale pour masquer sa peine. Il pleut tout le temps ; personne ne peut deviner que vous avez pleuré.

Quand il regagna l'appartement, Boba constata que Jango aussi était allé se promener sous la pluie…

« Bizarre, je ne l'ai pas vu, dehors… »

Après dîner, Jango prit la parole.

— Boba, ce qui est arrivé à Zam peut arriver à n'importe lequel d'entre nous, à n'importe quel chasseur de primes. Tu comprends ?

Boba fit signe que oui de la tête, mais en fait, c'était un mensonge. Il avait décidé de ne pas comprendre. Il s'était promis de ne même pas y penser…

Jango Fett était invincible, de toute façon !

— Fils, je veux que tu conserves ceci, ajouta le hors-la-loi en lui tendant un gros livre noir, sans titre ni rien sur la couverture.

Le garçon faillit s'étrangler. Comment ? Son père, lui offrir un livre ?

Jango sourit.

— Rassure-toi, ce n'est pas un livre, mais une unité-missive. Je t'y ai enregistré un message, pour plus tard.

Boba essaya de l'ouvrir, mais les pages semblaient collées.

— Non, fils, le moment n'est pas venu. Quand tu prendras connaissance de ce message, ton enfance sera terminée. Et il est trop tôt pour cela. Je veux que tu profites encore de ce que moi, je n'ai jamais eu…

Boba était perplexe. Pourquoi le lui donner *maintenant* s'il n'avait pas le droit de l'utiliser ?

— S'il m'arrive malheur, tu ouvriras l'unité-missive, expliqua Jango Fett. Tu y trouveras toutes les informations dont tu auras besoin. Qui contacter, qui éviter. Que faire, ou ne pas faire, au contraire. Jusque-là, garde-la fermée et bien cachée. D'accord, fils ?

Boba jeta nonchalamment l'unité-missive sur les livres qu'il avait empruntés à la bibliothèque.

Il n'en aurait pas besoin. Jamais.

Parce qu'il pourrait arriver du mal au chasseur de primes le plus féroce, le plus impitoyable et le plus intrépide de la galaxie… ? N'importe quoi ! Impossible !

Impensable, même.

Tellement impensable que Boba résolut carrément de ne pas y penser…

CHAPITRE V

Le lendemain, Boba et son père partirent à la pêche. Comme il ne tombait qu'une légère bruine, ils s'installèrent sur un rocher en bordure de mer.

Le garçon tirait avec son Pocker, un lance-harpon à visée laser.

Jango le lui fit éteindre pour l'obliger à viser à l'œil nu.

Boba savait que son père l'avait emmené là pour l'aider à oublier Zam, aussi se concentrait-il du mieux qu'il pouvait.

Il continua de pêcher, même lorsque Taun We vint discuter avec Jango. La Kaminoise était grande et blanche — on aurait juré une racine tout juste sortie de terre — avec des yeux noirs ronds comme des soucoupes et un cou long et mince.

D'habitude, Boba l'aimait bien, mais aujourd'hui, elle ne parlait que de travail. Un truc qui avait un rapport avec les clones. Il s'efforça de ne pas l'écouter. Il ne voulait plus songer à cette affreuse armée — à ses dix mille frères jumeaux.

Il fut soulagé lorsque Taun We s'en alla. Il attrapa quelques poissons supplémentaires, fit mine de s'amuser encore… mais peine perdue.

Boba ne parvenait plus à s'empêcher de penser aux clones.

Ni à Zam.

Cependant, il retrouva son entrain quand ils traversèrent le spatioport, sur le chemin du retour. Il aperçut un nouveau vaisseau sur l'aire d'atterrissage. Un chasseur stellaire qu'il voyait en vrai pour la première fois.

— Ouahou ! Regarde, un Delta-7 !

— Et tu reconnais le droïde, fils ? demanda Jango en désignant l'unité de navigation, derrière le cockpit.

— Un R4-P, papa !

Il décrivit encore les équipements spéciaux de l'engin, ses armements et sa supervitesse. Un vaisseau que seuls quelques pilotes chevronnés pouvaient conduire.

— Des pilotes comme qui, fils ?

— Comme toi, papa !

Boba était tout content de montrer ce qu'il avait appris dans les livres, et surtout d'avoir déridé son père…

Mais le sourire de Jango s'effaça rapidement, remplacé par une expression pensive, préoccupée… soucieuse, même.

Ils se hâtèrent de rentrer à l'appartement. Tandis que Jango se reposait dans sa chambre, Boba consulta une encyclopédie : *Chasseurs stellaires de la galaxie*.

Il était curieux de découvrir pourquoi un engin aussi sophistiqué que le Delta-7 avait croisé dans les parages isolés de Kamino. Kamino, où il ne se passait jamais rien d'intéressant...

Tout à coup, la sonnette de la porte retentit.

Boba sursauta.

Ils n'avaient pas d'amis... Qui cela pouvait-il être ?

Taun We !

Un homme l'accompagnait. Il portait une tenue sobre, sans bijou ni fioriture. Une cape toute simple, sous laquelle Boba devina les contours d'un sabre laser.

Un Jedi !

Voilà donc à qui appartenait le beau chasseur stellaire...

— Ton père est là ? demanda Taun We.

— Oui.

Ne jamais en dire plus que nécessaire. Un des préceptes de Jango Fett... qui s'appliquait d'autant plus en présence des Jedi !

L'homme se taisait. Il demeurait calme, serein... un peu effrayant, aussi.

— On peut le voir ? continua la Kaminoise.

— Mais je vous en prie, répondit Boba.

Toujours se montrer courtois. Spécialement envers ses ennemis.

Et les Jedi, Gardiens de la Paix, étaient les ennemis naturels des chasseurs de primes…

Boba recula afin de les laisser entrer. Le Jedi regarda partout autour de lui.

« Fouineur ! », pensa le garçon en décidant de l'ignorer.

— Papa ! Taun We est là !

Jango sortit de sa chambre. Il fixa ses visiteurs d'un air désapprobateur.

— Te voilà de nouveau parmi nous, Jango ! s'écria Taun We comme si elle ne l'avait pas vu tout à l'heure. Ton voyage a été fructueux ?

— Plutôt, oui.

Boba observait la scène avec attention. Son père toisait le Jedi d'une manière significative. À l'évidence, il ne l'aimait pas, mais c'était plus que cela. Peut-être s'étaient-ils déjà rencontrés auparavant ? Peut-être que ce Jedi avait joué un rôle dans la mort de Zam ?

— Voici Obi-Wan Kenobi, Jango, dit Taun We. Il est venu voir où nous en étions.

— Oh. Alors… ?

Les deux hommes ne se quittaient pas des yeux. Un duel sans mots, ni armes.

Boba était fasciné. Son père aurait pu abattre ce stupide Jedi d'une chiquenaude, mais quelque chose le retenait.

— Vos clones sont très impressionnants, dit Obi-Wan Kenobi en s'inclinant légèrement. Vous pouvez être fier. Très fier.

Jango Fett s'inclina à son tour.

— N'exagérons rien. Je ne suis qu'un homme modeste qui tente de tracer sa voie dans l'univers.

— N'est-ce pas là ce que nous faisons tous ? répliqua le Jedi.

C'était à qui serait le plus poli !

L'œil du Jedi traîna vers la chambre de Jango, où l'armure mandalorienne gisait à terre.

Jango se plaça devant la porte, lui bouchant la vue.

— Vous êtes-vous déjà aventuré jusqu'à Coruscant ? questionna Obi-Wan.

— Une fois ou deux, oui.

— Récemment ?

« Mince ! Un fouineur de première, décidément, celui-là ! », nota Boba. Mais pourquoi son père se fatiguait-il à discuter ?

— Possible, rétorqua le chasseur de primes d'un ton qui établissait clairement que oui.

À présent, Boba en avait la certitude : Obi-Wan et son père s'étaient déjà rencontrés et le Jedi n'était pas étranger à la disparition de Zam…

Comme il détestait son petit sourire suffisant !

— Dans ce cas, vous devez connaître Maître Sifo-Dyas ? reprit le Jedi.

— Boba, ferme la porte ! ordonna tout à coup

Jango en hutt, une langue qu'ils maîtrisaient tous deux à la perfection.

Le garçon s'exécuta, dardant un regard plein de haine sur Kenobi.

— Maître qui ? poursuivit Jango.

— Sifo-Dyas. Ce Jedi n'a pas loué vos services pour ce travail ?

— Je n'ai jamais entendu parler de lui.

Pour la première fois, le Chevalier Jedi parut surpris.

— Réellement ?

— Oui. J'ai été recruté par un certain Tyranus, sur une des Lunes de Bogden.

— Tiens ? Je croyais que…

Taun We l'interrompit :

— Sifo-Dyas nous a dit de nous adresser à lui, expliqua-t-elle en pointant l'index vers Jango Fett. Et il s'est présenté à nous exactement comme votre Maître Jedi l'avait prédit. Et selon les vœux de votre Maître, nous avons gardé votre participation secrète jusqu'à votre arrivée.

— Curieux, murmura Obi-Wan en s'efforçant de dissimuler son étonnement.

— Votre armée vous plaît-elle ?

Le sourire glacial de Jango Fett était un poignard dans le cœur du Jedi.

— Il me tarde de la voir en action, rétorqua le Jedi.

« Bonne parade », admit intérieurement Boba.

— Je vous garantis qu'elle vous satisfera totalement, ajouta Jango.

Le Jedi abandonna la partie.

— Merci de m'avoir accordé un peu de votre temps, Jango. Au revoir.

— Mais c'est toujours un plaisir de recevoir un Jedi chez soi..., répondit le père de Boba, sarcastique.

La porte se referma et les verrous s'enclenchèrent.

Boba était aux anges. Après avoir remporté un affrontement pareil, son père devait triompher !

Mais non.

Des rides soucieuses creusaient son front, et il semblait plongé dans de sombres pensées.

— Qu'y a-t-il, papa ?

— Fais tes bagages, fils. On quitte le coin un moment.

CHAPITRE VI

Tandis que Jango revêtait son armure, Boba jeta tout ce qu'ils possédaient (c'est-à-dire presque rien) dans un sac de voyage.

— Dépêche-toi, Boba !

Le garçon savait que son père n'avait peur de rien ni de personne. Mais depuis son entrevue avec l'étrange Jedi, il paraissait nerveux, agité... inquiet.

Et *ultra-pressé*.

Leur sac bouclé, Boba glissa en vrac la vaisselle sale dans la fente de la machine. Il n'avait pas à prendre la moindre précaution. S'il n'avait pas été si effrayé, il se serait bien amusé...

— Laisse tomber le reste, dit Jango. Nous n'avons pas le temps !

Comme quoi, il vaut mieux réfléchir avant de formuler un vœu !

Combien de fois Boba n'avait-il pas souhaité vivre loin de Kamino, au soleil... avec des amis, peut-être ? Et maintenant qu'une partie de ce vœu se réalisait…

Boba songeait à son lit, où il avait rêvé. À l'appui de la fenêtre, où il avait lu et regardé la pluie tomber. Au coffre où il entassait ses livres, ses habits, ses vieux jouets…

Quitter l'endroit où on a toujours vécu, sans savoir quand on y reviendra, c'est très difficile. C'est comme abandonner une part de soi-même, comme…

Boba se ressaisit. Le moment était mal choisi pour se montrer sentimental ! Surtout qu'il lui restait encore un truc à régler avant de quitter Tipoca City…

— Fils ! Où cours-tu avec tout ça ?

— À la bibliothèque, papa. Tu comprends, on risque de revenir dans longtemps, et Whrr me fera payer un supplément pour le retard.

— Ne sois pas trop long, dit Jango.

Il lui tendit Anguille avec un air de regret…

— Pendant que tu y es, relâche Anguille dans la mer. Qu'elle se nourrisse toute seule, pour changer !

— Yes, sir !

Anguille enroulée autour d'un bras, ses livres sous l'autre, Boba s'élança sous la pluie. Parvenu au bord de la plate-forme, il se pencha par-dessus le parapet et lança Anguille dans l'eau, comme il avait déjà lancé le sea-mouse.

Ploc.

Une ombre à l'affût, des dents pointues... et Anguille disparut. Totalement.

— Bon débarras ! marmonna le garçon en se ruant vers la bibliothèque.

La vie est difficile pour les plus faibles. Et tout est relatif : il y a toujours plus fort que vous...

Boba enfila ses livres dans la fente. Whrr vrombit joyeusement.

— Tout ça ? Bravo ! Ça t'a plu ?

— Pas mal, oui. Mais je n'ai pas le temps d'en discuter maintenant !

Boba adorait parler des livres, d'habitude...

— Ah bon ? Et tu ne veux pas en emprunter d'autres ?

— Non, je dois y aller ! À bientôt, Whrr !

— Mais, juste une seconde, je...

— Je ne peux pas ! cria le garçon en s'enfuyant.

Il n'avait pas le cœur d'avouer à son ami qu'il ne savait même pas quand ils se reverraient...

Jango Fett attendait sur le seuil de l'appartement, le sac à ses pieds. Il ne dit rien, mais Boba sentit qu'il était un peu fâché du temps qu'il avait mis à rentrer.

Ils se rendirent rapidement à l'aire d'atterrissage où *Slave I*, le petit vaisseau du chasseur de primes, était garé. Jango s'occupa d'arrimer les bagages pendant que Boba inspectait l'engin avant le décollage.

Il finissait juste quand un bruit de pas précipités résonna. Taun We venue dire au revoir… ?

Non, Obi-Wan Kenobi, le Jedi !

— Arrêtez ! hurla-t-il.

« Compte là-dessus ! », pensa aussitôt Boba.

Jango partageait son point de vue. Il dégaina son blaster et commença à tirer en intimant :

— Boba, embarque, vite !

Le garçon ne se le fit pas dire deux fois. Il grimpa dans le cockpit et regarda son père qui, dehors, démarrait les fusées dorsales de son jet-pack. Le hors-la-loi fut propulsé sur le sommet d'un bâtiment proche, où il s'agenouilla et mitrailla le Jedi à coups de blaster.

Bien que Boba n'ait jamais piloté *Slave I* tout seul, il connaissait chaque commande par cœur. Levant la main au-dessus de sa tête, il mit les systèmes principaux en route, de manière à être prêt à partir dès que son père en aurait terminé avec ce fichu Jedi.

Puis il eut une meilleure idée. Il activa les commandes du canon blaster, mit le Jedi en joue et pressa le bouton FEU.

SKA-PLANG !

Cible touchée… ou presque !

Le Jedi roula violemment au sol et son sabre laser lui échappa des mains.

Boba allait l'achever d'un autre tir, mais son père descendit en flèche du toit et vint se placer dans sa ligne de mire.

Le Jedi chargea Jango.

Jango chargea le Jedi.

« Cool ! », songea Boba. Il n'avait encore jamais admiré son père au corps à corps, et c'était grandiose.

La fameuse Force Jedi ne faisait pas le poids face à l'armure mandalorienne de Jango !

Dans un effort désespéré, Obi-Wan tenta de saisir Jango, qui s'envola grâce à son jet-pack et le repoussa d'un coup de pied.

Le Jedi perdit l'équilibre et glissa près de l'extrémité de la piste d'atterrissage, à l'endroit qui surplombait les vagues furieuses. Il voulut récupérer de loin son sabre laser en usant des pouvoirs de la Force, mais avant qu'il ait pu attirer l'arme à lui, Jango Fett actionna son gantelet. Un filin d'acier en surgit, qui alla emprisonner les poignets d'Obi-Wan Kenobi.

Ensuite, Jango enclencha à nouveau les fusées de son jet-pack et il traîna le Jedi vers le bord de la plate-forme.

— Vas-y, papa ! s'époumona Boba, du cockpit.

Mais, au même instant, Kenobi parvint à coincer le filin autour d'un pilier. D'un bond, il se redressa, tira sur le filin et...

SPROINNGG !

Jango s'écrasa brutalement par terre. Son jet-pack s'enflamma, crachota... puis explosa.

Boba aurait bien voulu aider Jango avec son laser, mais les deux hommes glissaient à présent ensemble vers le vide… le vide et les vagues en furie !

— Papa ! NON ! s'égosilla Boba en bourrant le cockpit de coups de poing.

Mais tout n'était pas joué. Jango Fett se libéra en éjectant le filin de son gantelet. Puis il se servit des grappins intégrés à son armure pour freiner sa chute.

Le Jedi, lui, plongea tête la première dans l'eau.

Boba se renversa dans son siège, frissonnant de soulagement : son père était sain et sauf et, victoire ! le maudit Jedi avait disparu. Englouti par la mer.

— Bon débarras !

La trappe s'ouvrait.

Boba s'extirpa juste à temps du poste de pilotage ; Jango Fett se jeta littéralement dans le siège. Les moteurs vrombirent et le vaisseau s'éleva dans l'orage qui grondait.

Boba baissa les yeux sur la mer déchaînée. Aucune trace du Jedi. Pas étonnant ! Personne n'aurait pu nager avec cette cape de taré ! Elle l'avait attiré par le fond, oui !

Slave I fusa vers les nuages. Boba chuchota :

— Oui, la vie est difficile pour les plus faibles, mon pote… !

CHAPITRE VII

Boba avait déjà voyagé dans l'espace avec son père, mais, lorsque vous êtes petit, vous ne faites pas trop attention aux choses.

À présent, il avait dix ans, et il ne perdait pas une miette du spectacle enchanteur qui s'offrait à sa vue.

Sur Kamino, le ciel était en permanence couvert de nuages. Des nuages gris en dessous, foncés à l'intérieur.

Mais vus du dessus, ils étaient blancs comme neige — Boba avait appris la neige grâce à des vidéos et à des livres, évidemment — dans un ciel d'un bleu limpide… !

Et plus *Slave I* prenait de l'altitude, plus le bleu s'assombrissait, jusqu'à bientôt virer au noir d'encre. Et Boba remarqua alors quelque chose de bien plus grandiose encore que les nuages…

Des étoiles.

Des millions d'étoiles à des années-lumière d'ici. Même la nuit, on ne parvenait pas à les voir, sur Kamino. Et là…

— Houaa… ! soupira-t-il.

— Oui ? demanda Jango.

Le garçon ne savait que répondre.

Des millions de soleils flamboyants formaient la galaxie. Autour de chaque soleil, des tas de planètes. Des planètes faites de millions de rochers, eux-mêmes constitués de millions d'atomes…

— C'est la galaxie, papa… Pourquoi y a-t-il tant de…

— Tant de quoi, fils ?

— Tant de TOUT ? Pourquoi est-ce si *énorme* ?

Jango Fett brancha le pilote automatique le temps de remplacer ses fusées dorsales. Boba en profita pour s'amuser à faire semblant de conduire.

Quand son père vint reprendre sa place aux commandes, il demanda :

— Sur quelle planète on va ? On change de système ?

— Tu verras, fils.

— Pourquoi tu ne le dis pas ?

— Pourquoi poses-tu toujours autant de questions ?

Boba comprit qu'il devait se taire. Son père avait de très bonnes raisons pour tout, mais il les gardait pour lui.

— Tu n'as pas envie de le savoir, grogna simplement Jango Fett.

Sur quoi, il passa en mode vitesse-lumière afin d'entrer en hyperespace…

Voler en hyperespace…

Sensation curieuse, vertigineuse…

Dès qu'ils furent passés en vitesse-lumière, la tête de Boba se mit à lui tourner. Les étoiles filaient autour du vaisseau en traînées lumineuses ; là-bas s'entortillait avec ici, et le temps se mêlait à l'espace en tourbillons aveuglants.

Mais même le farfelu devient d'une banalité assommante, à force… et le garçon s'assoupit.

Boba rêve…

Il va enfin rencontrer la mère qu'il n'a jamais eue. Il assiste à un bal, dans un palais ; comme dans les romans, il voit quelqu'un se frayer un chemin, parmi la foule. Une femme très belle, avec une robe blanche. Elle avance vers lui, vite, plus vite. Son sourire est éclatant et…

— Boba ? Réveille-toi, fils !

Il ouvrit les yeux. Jango était aux commandes de *Slave I*. Ils avaient quitté l'hyperespace et flottaient maintenant tranquillement dans l'espace tridimensionnel habituel.

Devant eux, une immense planète rouge avec des anneaux orange.

C'était magnifique… mais moins magnifique

que la vision de cette jeune femme, dans son rêve...

— Géonosis, dit Jango.

— Pardon ?

— La planète. Elle s'appelle Géonosis.

De loin, les anneaux de Géonosis paraissaient lisses, jolis. De près, ils n'étaient qu'amas d'astéroïdes et de météores, des blocs de rocaille et de glace qui gravitaient à toute allure autour de la planète. Des obus mortels, laids et redoutables.

Les mains de Jango volaient habilement au-dessus des commandes du vaisseau. Se faufiler entre les anneaux serait une manœuvre délicate...

Les moteurs régressèrent ; le pilote se positionna en approche orbitale.

— La prochaine fois, fils, quand les procédures d'atterrissage seront moins compliquées, c'est toi qui conduiras ! déclara Jango.

— Alors ça y est ? Je suis assez grand ?

— Presque, presque...

Boba s'adossa à son siège, souriant aux anges. La vraie vie, c'est bien meilleur que les rêves ! Qui aurait besoin d'une maman, avec un papa tel que le grand Jango Fett... ?

Soudain, Boba aperçut quelque chose sur le rétro-écran vidéo...

— Papa... je crois qu'on nous a pris en chasse !

Ils consultèrent le radar. L'écho bipait au rythme

de chacun de leurs mouvements… Une ombre encapuchonnée, dans un vaisseau… !

Le Delta-7 ! Il collait presque la coque de *Slave I*, tellement il les filait de près !

Pourtant… le Jedi avait bien plongé droit dans les eaux tumultueuses, non ? Et il avait survécu ? Comment était-ce possible ?

— Nous allons vite régler l'affaire ! gronda Jango d'un ton déterminé.

Boba se leva à demi. Son père le repoussa dans son siège.

— Accroche-toi, fils. Nous allons le semer dans le champ d'astéroïdes ; il ne pourra jamais nous suivre là-dedans. Et si jamais il y parvient, je lui réserve une ou deux petites surprises de mon cru !

CHAPITRE VIII

Entrer dans le champ d'astéroïdes… De la pure folie !

Boba frémit lorsque son père redressa le nez du vaisseau afin de pénétrer dans l'anneau orange.

Aussitôt, des pierres fusèrent de toutes parts autour de leur navette spatiale. C'était comme naviguer au milieu d'une forêt de cailloux tranchants lancés à cent à l'heure contre vous !

Boba ne pouvait pas supporter de regarder…

Il ne pouvait pas supporter non plus de ne pas regarder…

Qu'ils percutent un rocher, et c'en était fini d'eux. Pulvérisé, *Slave I*. Atomisé, gommé. Purement et simplement effacé de l'univers. On ne saurait même pas qu'ils avaient existé un jour, lui et son père !

« Arrête de t'inquiéter, mon vieux ! s'encouragea-t-il à voix basse. Hé ! C'est Jango Fett qui pilote ! »

Le garçon avait beaucoup moins peur, tout à coup. Il consulta le rétro-écran.

— Tiens, on dirait qu'il est parti, papa !

— Il a dû remonter plus haut, le long de la carlingue…

En effet, l'électricité statique vacilla, un signal spécial retentit et la silhouette du Delta-7 se dessina à nouveau à l'écran…

— Le revoilà ! s'écria Boba.

Sans se départir de son flegme légendaire, Jango enclencha la commande CHARGE SONIQUE et largua la bombe.

Boba jeta un œil derrière lui. La torpille fonçait sur le chasseur stellaire… Adieu, Obi-Wan ! Le sort du Jedi était scellé… !

Comme le leur, apparemment… car lorsque le garçon se retourna vers le hublot du cockpit, il étouffa un hurlement de terreur : il se retrouvait nez à nez avec une roche qui lui bloquait complètement la vue !

Ils se précipitaient droit sur un astéroïde immense !

— Papa ! Attention !

Le crash semblait imminent, inéluctable…

Jango redressa brusquement *Slave I*, frôlant de justesse la surface accidentée du rocher meurtrier.

— Détends-toi, fils, dit le pilote, imperturbable. Ce satané Jedi ne parviendra jamais à nous suivre…

Ça, c'était le plan de Jango… mais le Jedi avait manifestement le sien : éviter la charge sonique et continuer la chasse !

Tandis que son père manœuvrait adroitement à travers le champ d'astéroïdes, Boba surveillait l'écran radar. Le chasseur stellaire les pistait toujours, presque comme s'il s'était amarré à *Slave I*…

Jango secoua la tête d'un air sombre.

— Il faut donc lui mettre les points sur les i, à ce Jedi ! Bien. Puisqu'il refuse d'en démordre, achevons-le, fils !

Virant de bord, il se dirigea sur un astéroïde encore plus gros que le précédent. Sauf que, cette fois, il ne redressa pas le vaisseau…

Boba n'en croyait pas ses yeux ! Son père envisageait-il de jouer les kamikazes ?

Il ferma les paupières, prêt au choc frontal… et fatal.

« Alors, c'est ça, mourir ? », songea-t-il, étrangement calme.

Souffriraient-ils au moment de l'impact ? Serait-ce bref comme un éclair de lumière ?

Ou bien…

Rien. Ou bien rien.

Car *Slave I* progressait sans hésiter, se riant de la mort et faisant un pied de nez au destin.

Et au lieu de s'écraser contre l'astéroïde, l'engin plongea à toute vitesse dans un canyon resserré, au fond duquel s'évasait une cavité juste assez large pour permettre le passage d'un petit vaisseau. Un petit vaisseau couché sur le flanc. Et encore... même ainsi, le goulet paraissait effroyablement étroit...

Boba rouvrit les yeux.

Quelque chose clochait. Ils étaient en vie. Ils n'avaient pas explosé en percutant la roche. Ils n'avaient pas percuté la roche...

Jango avait réussi à mener *Slave I* dans la grotte, où ils volaient maintenant le long d'un tunnel sinueux.

« Mais si le Jedi est encore à nos trousses, réfléchit Boba, pourquoi papa a-t-il ralenti ? »

En fait, le tunnel courait tout autour de l'astéroïde et, lorsqu'ils en émergèrent, ils se retrouvèrent derrière le chasseur stellaire !

Le traqueur traqué !

Jango le mitraillait déjà à coups de canon blaster.

Boba trépignait d'excitation.

— Vas-y, papa ! Tire ! Tire !

Les rayons laser perçaient la noirceur de l'espace en traits discontinus, langues brûlantes piquant et pilonnant la carlingue du vaisseau Jedi, qui partit en vrille.

— Touché ! cria Boba.

Touché, oui. Mais pas abattu.

Pas encore, du moins.

Jango Fett pianota sur le pupitre de l'arsenal de bord. Il arma un missile puis appuya sur LARGAGE.

La tête chercheuse se verrouilla sur sa cible.

Boba admira la dextérité du Jedi. Il fallait reconnaître qu'il s'agissait d'un pilote émérite. Il zigzaguait à merveille, même si ses manœuvres ne suffisaient pas à semer le missile.

Puis le Jedi vint se placer en travers du chemin d'un énorme astéroïde…

En quelques secondes, tout fut fini.

Impossible d'éviter la collision. Pris en sandwich entre le missile mortel et l'implacable météore, le vaisseau du Jedi disparut… ne laissant que débris dans son sillage…

— On l'a eu ! souffla Boba. Hourra !

Jango eut une réaction plus mitigée…

— En tout cas, on ne le reverra plus, se contenta-t-il de chuchoter.

Et, guidant *Slave I* hors du champ d'astéroïdes, il se positionna au-dessus de la planète rouge et s'apprêta à atterrir.

CHAPITRE IX

Certes, Géonosis différait de Kamino... mais pas comme Boba, en mal d'amitié, l'eût souhaité !

Sur Géonosis, pas de pluie, pas d'eau. Juste une mer de sable rouge, hérissée d'imposants stalagmites rocheux. Un désert... du moins, à première vue...

Slave I sortit son train d'atterrissage et se posa sur une corniche qui saillait du flanc d'un gros bloc de pierre.

« On ne va quand même pas camper sur ce bout de caillou ? », se demanda Boba tandis que son père coupait les moteurs.

Aussitôt, une porte s'ouvrit dans la roche ; des droïdes de maintenance en surgirent afin d'assurer la révision du vaisseau.

Jango Fett fit signe à son fils ébahi de le suivre, et ils entrèrent tous deux dans le stalagmite, qui abritait en fait une vaste cité souterraine...

Boba écarquilla les yeux. Des galeries interminables, d'immenses salles communicantes éclairées par des tubes à incandescence qui résonnaient de bruits de pas et d'éclats de voix...

Et néanmoins, le vide, l'anonymat régnaient. Seules de vagues silhouettes, au loin, se hâtaient. Personne ne les salua, personne ne les remarqua.

Ils empruntèrent un escalier qui menait à l'appartement qu'on leur avait temporairement assigné. Jango expliqua à son fils que cette planète était en réalité une gigantesque manufacture de droïdekas et de droïdes de combat, et les Géonosiens des drones qui passaient tout leur temps à travailler.

— Et crois-moi, ces robots ne sont guère plus intelligents ni plus intéressants que les droïdes qu'ils fabriquent !

— Mais alors, pourquoi on est là, papa ?

— Les affaires, Boba. Souviens-toi : *Qui loue mes services...*

— ... *me loue tout entier*, acheva le petit garçon dans un large sourire.

Jango lui ébouriffa les cheveux avec tendresse.

— Bien, fils. Je suis très fier de toi. Tu deviens un vrai chasseur de primes comme ton vieux père.

Leur appartement, haut perché dans la tour rocheuse, dominait le désert.

Jango avait rendez-vous avec son employeur. Avant de partir, il ordonna :

— Boba, sois là à mon retour. Compris ?

Au bout de deux heures, Boba se dit que sa première impression était la bonne : Géonosis était encore plus barbante que Kamino !

L'ennui est une sorte de microscope : il grossit les choses…

Boba compta chaque pierre des murs, chaque fissure du sol. Puis, lassé, il regarda par la petite fenêtre. Il observa les tempêtes de sable, là-bas, sur les plaines ; il regarda tourner les anneaux de la planète, contre le ciel…

Si au moins il avait apporté des livres ! Mais il n'avait avec lui que ses vêtements, ses vieux joujoux et l'espèce de livre noir, là… l'unité-missive que son père lui avait confiée.

Rien de passionnant, quoi. Il allait devoir se distraire autrement… Comment ? Là était la question…

« Boba, sois là à mon retour », avait ordonné Jango.

Ce n'était pas une interdiction de sortir, ça. Juste une obligation de rentrer à temps, et donc, de ne pas trop s'éloigner…

Boba claqua la porte derrière lui. Il faisait sombre dans le couloir. Et il n'y avait pas âme qui vive. Rien qu'un bruit sourd, un peu comme les déferlantes de la mer agitée, sur Kamino. Existerait-il un océan caché, sur cette planète désertique… ?

Il jeta un coup d'œil discret à l'angle du corridor et avisa un escalier de pierre. L'empruntant prudemment, il déboucha dans un autre couloir, au bout duquel descendait un autre escalier.

Plus Boba s'enfonçait, marche après marche, dans l'obscurité, plus le tintamarre augmentait. On aurait dit qu'un géant jouait du tambour, quelque part, au cœur du souterrain...

La raison dictait à Boba de remonter, à présent. Mais, tant pis, il ne voulait pas. Non, pas avant d'avoir découvert ce qui était à l'origine du boucan...

Un dernier escalier en colimaçon, un dernier corridor, puis une lourde porte qui tremblait sur ses gonds. Le vacarme, assourdissant, la secouait carrément !

Le garçon sentit la peur l'envahir. Il allait renoncer, quand la voix de son père résonna en lui : *Dépasse tes angoisses. C'est en accomplissant ce que tu redoutes le plus que le courage viendra à toi.*

Alors, Boba poussa la porte...

BOUM !

BOUM !

BOUM !

Pas d'océan sauvage, pas de géant ni de tambour...

Cependant, Boba ne fut pas déçu.

Dans la pénombre, il distingua une longue

chaîne de montage d'où émergeaient, dans un bruit de tonnerre, diverses pièces détachées métalliques : des bras, des jambes, des têtes, des torses, des roues, des lames... Lesquelles glissaient ensuite sur un tapis roulant jusqu'à des ouvriers géonosiens. La mine grave, ils les assemblaient en droïdes de combat qui, la tête à peine vissée, prenaient subitement vie et sortaient en rang de la grotte voûtée.

Boba contemplait la scène, bouche bée.

Pourquoi toutes ces machines de guerre ? Elles étaient si nombreuses qu'on avait peine à croire que la galaxie puisse suffire à les contenir...

Le garçon les imaginait en action, armées de blasters... C'était follement excitant, mais un peu effrayant, aussi.

— Hé ! Toi, là-bas !

Il sursauta. Un droïde de sécurité se ruait dans sa direction.

Plutôt que d'expliquer qui il était, Boba fit la seule chose intelligente selon lui : refermer la porte et prendre ses jambes à son cou !

Il réintégra leur appartement pile à l'instant où son père débouchait au fond du corridor.

« Ouf ! Moins une ! », pensa le petit garçon en soufflant.

Jango Fett entra, deux individus sur ses talons.

Un Géonosien — reconnaissable à son corps en forme de branche et à sa tête en forme de barrique

— très protocolaire dans sa tenue d'apparat, et un homme, habillé de manière simple, mais qui semblait familier à Boba…

— Comme vous le voyez, Comte Dooku, nous progressons rapidement ! dit le Géonosien.

À l'appellation « Comte », cela fit tilt dans l'esprit de Boba.

— Ce n'est pas le Comte Dooku, murmura-t-il à l'oreille de Jango pendant que ce dernier pendait son casque près de la porte. Je le reconnais ! C'est le Comte Tyranus !

— Chut, fils. Ce nom est un secret entre nous trois.

— Voici donc le jeune Boba Fett ! s'exclama soudain le Comte en lui tapotant le dessus du crâne. Tu seras un grand chasseur de primes, toi aussi, plus tard !

Le geste de l'homme n'avait rien d'agressif, mais, au contact de la main glacée, Boba frémit.

— Heu… oui, monsieur… bafouilla-t-il en se rejetant brusquement en arrière.

Jango fusilla son fils du regard en guidant ses invités à la cuisine, où leur conférence devait se tenir.

Boba mourait de honte. Il s'était montré si impoli ! Cette mauvaise impression, au sujet du Comte Tyranus, n'était certainement que le fruit de son imagination. Il était le principal employeur de son père ; le garçon devait non seulement lui témoigner du respect, mais aussi une confiance totale…

« Tu seras un grand chasseur de primes, toi aussi, plus tard. »

Pourvu que le Comte dise vrai !

Boba décrocha le casque de son père et l'emporta dans la chambre. Il voulait l'essayer, ressentir quelle impression cela faisait, d'être le fameux Jango Fett !

Il enfila le casque et…

— Ouahou !

La liste des armes et des systèmes de survie disponibles de l'équipement mandalorien défila aussitôt sur la face interne de la visière :

FLÈCHES ROCKET
RAYON SONIQUE
GANTELET
JET-PACK
BOTTES À POINTES
COMLINK
TÉLÉMÈTRE OPTIQUE

C'était comme être au tableau de bord d'un engin super-compact et super-performant !

Mais le casque pesait une tonne ; Boba pouvait à peine remuer la tête. Il essayait de l'ôter, quand son père fit irruption dans la chambre.

Jango Fett éclata de rire et l'aida à s'en débarrasser.

— Pas d'inquiétude, fils. Ta propre armure t'ira parfaitement !

— Ma « propre armure » ?

— Oui, lorsque tu seras devenu un chasseur de primes. Ce sont les Chevaliers Mandalores qui m'ont fourni la mienne. Ton tour viendra.

— Tu m'apprendras à m'en servir ?

— Ce jour-là, je ne serai peut-être plus là, Boba. Ne compte que sur toi-même.

— Mais…

— Il n'y a pas de « mais », fils.

Jango esquissa un pâle sourire et ajouta :

— Allons, ce n'est pas pour demain, de toute façon !

Il lui caressa les cheveux.

Cette fois, si Boba frissonna, ce fut de bonheur.

Cette nuit-là, Boba entendit un bruit bizarre. Différent des *BOUM ! BOUM !* de l'usine. Différent des ronflements de son père, dans le lit d'à côté.

HOUOUOUOUOU !

Une plainte empreinte de solitude, dans le lointain.

Le garçon se leva et alla à la fenêtre. La nuit, sur Géonosis, valait la lumière du jour de Kamino la nébuleuse. Les anneaux orangés de la planète répandaient leur lueur douceâtre sur les étendues de sable.

Boba remarqua une colline plate — une « mesa » —, rouge, elle aussi, au pied de leur stalagmite. Des sentiers s'y entrecroisaient; ils scintillaient comme si des dalles de diamant les recouvraient.

Jango Fett lui en avait strictement interdit l'accès. Il prétendait que des bêtes féroces, les massifs, rôdaient dans les falaises...

HOUOUOUOUOU!

Encore ce hurlement lugubre, si solitaire, si triste...

« Ce doit être un massif, se dit Boba. Et, à mon avis, le pauvre a l'air plus mélancolique que féroce... »

Car Boba savait ce que l'animal pouvait ressentir.

Il aurait bien hurlé en sa compagnie...

CHAPITRE X

Lorsque Boba s'éveilla, son père était déjà parti. Il lui avait laissé un mot, avec son petit déjeuner : *Sois là à mon retour.*

Boba mangea, puis se rendit à la plate-forme d'atterrissage, où d'autres vaisseaux de toutes sortes avaient rejoint *Slave I* au cours de la nuit. Il paraissait presque rikiki au milieu de ces mastodontes !

S'assurant que personne ne le regardait, Boba gravit la passerelle d'embarquement et s'installa dans le cockpit. Le siège était un peu bas pour lui, mais à part cela il connaissait parfaitement les commandes. Contrôle espace, atmosphère. Arsenal. Lasers, missiles. Le peu que Jango ne lui avait pas enseigné, il l'avait appris à force d'observation.

Il savait démarrer les machines, programmer l'ordinateur de navigation et embrayer l'hyperdrive pour entrer en vitesse-lumière.

Bientôt, son père lui permettrait d'assurer décollage et atterrissage… il voulait être absolument au point.

Boba rêve…

Il pilote Slave I. *À ses côtés, Jango dégomme leurs adversaires à coups de laser. Le garçon slalome avec adresse entre les navires ennemis.*

— Craignez le courroux des Fett père et fils ! s'égosille-t-il d'un ton triomphal…

— Hé, gamin !

Boba tressauta. Un garde géonosien venait de le tirer de sa torpeur.

— Ça va. C'est le vaisseau de mon père, expliqua-t-il en s'extirpant de la cabine.

Il releva la passerelle. Le visage du garde était dénué d'expression. Il semblait stupide, mais aimable.

Boba demanda par politesse :

— Dites, quand on s'ennuie, il n'y a donc rien à faire de spécial chez vous ?

— Oh, au contraire…

Le Géonosien agita son blaster.

— … il y a l'*arène*, justement ! Et c'est vachement cool !

— L'arène… ? On y fait quoi ?

— On y tue des trucs !

Les yeux de Boba brûlèrent d'envie. Il s'enquit :

— Et c'est ouvert tous les jours, votre arène ?

— Oh non, non ! Seulement dans les grandes occasions !

La loi est faite pour être transgressée...

Il ne s'agissait pas d'un article du Code de Jango Fett, mais Boba considérait cet adage comme partie intégrante du Code du fils du chasseur de primes...

En fait, Boba se cherchait des excuses. Il avait résolu d'enfreindre la règle et d'aller dans les territoires interdits. La mesa rouge, au pied du stalagmite où ils habitaient en ce moment... l'arène se trouvait par là-bas...

Le garçon essayait de se convaincre qu'il agissait selon sa conscience.

Il devait le faire.

Il voulait de l'aventure, oui ou non ? Eh bien, il s'en présentait une ! À lui de prouver ce dont il était capable...

Quitter la cité stalagmite fut simple comme bonjour.

À la porte principale, au niveau du sol, sous la piste d'atterrissage, la sentinelle géonosienne somnolait. Son job, c'était d'empêcher les gens d'entrer, pas de sortir !

Dès que Boba se retrouva à l'extérieur, il inspira à pleins poumons. Ça changeait du relent de moisi qui hantait la ville souterraine !

Il décida d'explorer les sentiers brillants qu'il avait vus de sa fenêtre, ceux d'abord qui croisaient et contournaient la mesa. Il découvrit que le scintillement « magique » émanait des fragments de mica qui les pavaient.

Boba progressait prudemment sur une falaise à pic, quand un cri, suivi de grognements, retentit.

Circonspect, il scruta le chemin…

Devant lui, deux lézards monstrueux, le dos hérissé de piquants, se disputaient un immense serpent à fourrure, avec une gueule et des yeux au milieu du corps, et qui sifflait de façon stridente.

Les deux massifs — Boba en était sûr, c'était *ça*, un massif — tiraient chacun d'un côté.

Ils allaient y planter leurs dents acérées comme des lames de rasoir, histoire de partager le serpent, lorsque, apercevant brusquement Boba, ils relâchèrent leur proie.

Boba recula d'un pas. Les massifs marchèrent sur lui en grondant, menaçants…

Boba recula à nouveau. À sa droite, la paroi de la falaise. À sa gauche et derrière : le vide.

Les lézards avançaient toujours, grognant et crachant.

Boba les fixa droit dans leurs iris rouges. Qu'il détourne les yeux ne serait-ce qu'une seconde, et les monstres le chargeraient…

Alors, sans détacher son regard des massifs, Boba s'agenouilla et ramassa à l'aveuglette un morceau de mica bien tranchant. Puis il bondit sur ses pieds et le jeta à la tête d'un des monstres, qui jappa de douleur.

Ni une, ni deux, son compagnon sauta sur Boba... Son haleine chaude enveloppa le garçon qui se baissa juste à temps... le massif partit valdinguer par-dessus le bord de la falaise et s'écrasa violemment sur les rochers en contrebas.

Boba se redressa. L'autre massif saignait de l'œil. Il battit en retraite, penaud... avant de s'enfuir ventre à terre.

Sur le sentier, le serpent s'occupait de ses blessures...

Le cœur de Boba battait à tout rompre.

« Peut-être que transgresser les lois, ce n'est pas une si bonne idée que cela... », réfléchit-il. Il avait de la chance d'être encore en vie !

Inutile de revenir sur ses pas : le sentier encerclait la mesa et, s'il continuait à le suivre, il regagnerait l'entrée de la cité de pierre, surtout qu'il était déjà à mi-parcours ! Il n'aurait plus qu'à se faufiler dans l'appartement à l'insu de tous... et de Jango !

Il enjamba le serpent et reprit son chemin, quand il entendit un drôle de frottement, derrière lui.

Il regarda peureusement par-dessus son épaule... Le serpent le suivait en rampant. On aurait cru qu'il souriait... Il chantait, aussi. Un son étrange, un peu comme une chute d'eau... Cela faisait bizarre au milieu du désert ! Ça rappela à Boba les vagues, la pluie, sur Kamino…

— Fiche le camp ! cria-t-il à la créature.

Mais celle-ci approcha encore, chantonnant toujours.

Boba se saisit d'un gros éclat de mica et l'en menaça :

— J'ai dit : fiche le camp !

Le serpent se tut. Il avait l'air si triste, soudain… Il se glissa sous les rochers…

Boba remontait le sentier vers le sommet de la mesa, lorsqu'il aperçut un petit engin spatial, sur une corniche.

Un Delta-7 de triste mémoire… !

Il entendit alors quelqu'un arriver en courant, dans son dos. Il se dissimula derrière un rocher ; un homme traversa le sentier sous son nez.

Un homme qu'il ne connaissait que trop bien… Le Jedi qui les avait pourchassés dans le champ d'astéroïdes ! Celui-là même que leur missile avait soi-disant pulvérisé ! Obi-Wan Kenobi. Encore et toujours lui, ce damné Jedi…

Boba le vit grimper rapidement dans le cockpit du chasseur stellaire. Mais il ne referma pas la trappe ; il n'avait donc pas l'intention de décoller.

Quoi qu'il projetât, Kenobi *nuirait.*

À Boba de l'en empêcher…

De sa cachette, Boba embrassait tout le paysage, sur l'autre versant de la mesa. Son regard portait jusqu'à l'entrée de la cité stalagmite. De son poste, la sentinelle géonosienne ne pouvait pas voir le chasseur Jedi.

Boba décida de lui mettre la puce à l'oreille...

Il choisit un fragment de mica de taille imposante et le frotta contre sa manche afin de le faire briller comme un morceau de verre poli. Ensuite, il orienta la plaque de mica de manière à envoyer le reflet du soleil dans les yeux du garde.

Gagné ! La sentinelle se dirigea vers le bord de la colline. Ne voulant pas être découvert, Boba se dépêcha de gravir le sommet de la mesa.

Le Géonosien localisa vite le vaisseau. Il donnait maintenant l'alerte dans son communicateur.

Soulagé, Boba dégringola la colline et se précipita à la porte du stalagmite.

Fermée ! Il se demanda, affolé, comment rentrer sans se faire prendre. Tout à coup, la porte s'ouvrit sur une escouade de droïdekas. Ils étaient si pressés de capturer le Jedi qu'ils ne remarquèrent pas la présence du jeune garçon, qui, tapi contre le mur, se faufila dans la cité souterraine juste avant que le passage ne se referme.

Ouf, sauvé !

Boba soupirait d'aise... quand un puissant gant d'acier s'abattit sur son épaule. La poigne était douce, mais ferme.

Il fit volte-face… Jango Fett !

— D'où viens-tu, fils ?

— Heu… de… du dehors, sir !

— Monte. On a à parler, toi et moi.

Boba emboîta le pas à son père. Ils regagnèrent leur appartement. Le garçon avait été pris la main dans le sac. Il n'y avait rien à dire, rien à faire, sinon s'asseoir sagement sur le sofa et regarder Jango se dévêtir de son armure et l'étendre au sol.

— Alors, fils, une petite escapade ? questionna ensuite le chasseur de primes en se préparant une tasse de l'infect thé géonosien.

— Je suis désolé, papa. Pardon, pardon, pardon.

— Désolé de quoi ?

— De… t'avoir désobéi…

— Et c'est tout ?

— Ben, oui…

— Tu ne regrettes pas de m'avoir *menti*, non plus ?

— Mais je n'ai pas menti ! se récria Boba. J'ai admis être sorti de l'enceinte de la cité !

— Parce que je t'ai surpris, fils ! Sinon, tu m'aurais…

— Oui, je t'aurais sans doute menti. Désolé pour ça aussi…

Jango hocha le menton, un demi-sourire au coin des lèvres.

— Dans ce cas, excuses acceptées, Boba. Comme punition, tu resteras consigné ici jusqu'à ce que j'en décide autrement.

— Yes, sir ! s'exclama le garçon, plutôt satisfait de s'en tirer à si bon compte...

— Oh, cela aurait pu être pire, ajouta Jango Fett. Mais j'ai une dette envers toi.

— Comment ça ?

— Notre ami le Jedi, tu sais. Celui qui, par je ne sais quel miracle, a survécu aux astéroïdes et à notre bombe. Grâce à toi, les Géonosiens l'ont appréhendé. Tu as averti la sentinelle, malgré tous les risques que cela comportait. Tu as agi de la bonne façon.

— Yes, sir ! Merci, sir ! Et encore une fois, je regrette de t'avoir désobéi, papa...

— Je le regrette également, Boba, même si j'en suis très fier en même temps !

— Vrai ?

— Je préfère que tu m'aies désobéi au moins une fois, fils. Tu grandis, c'est dans le processus normal des choses. Tu te forges ta personnalité et tu gagnes peu à peu ton indépendance.

Boba demeura sans voix.

Son père se figurait-il sérieusement qu'il ne lui avait désobéi qu'une fois... ?

CHAPITRE XI

Consigné… Bon, d'accord, cela aurait pu être pire. Mais c'était quand même moche, de rester enfermé dans cet appartement. Résultat, Boba se sentait encore plus seul, et son ami Whrr lui manquait plus que jamais.

En plus, son père était tout le temps très occupé avec le Comte et le Géonosien qui l'accompagnait, l'Archiduc, comme on l'appelait.

Alors, Boba tâchait de se distraire tant bien que mal.

Il essayait de se fabriquer une maquette de chasseur stellaire, quand Jango Fett entra.

Il avait revêtu son armure de combat.

— Viens, fils.

Il n'en dit pas plus. Et ce n'était d'ailleurs pas utile !

Boba le suivit avec empressement. D'abord, il sortait *enfin* de ce maudit appartement ; ensuite, il *adorait* qu'on le vît avec son père. Il en nourrissait un orgueil sans bornes et se plaisait à imaginer ce que les gens pensaient sur leur passage.

« Hé ! Regardez ! Voici Jango Fett ! Avec son fils, Boba ! Un jour, le petit sera un célèbre chasseur de primes, lui aussi ! »

Pour une fois, les couloirs étaient parfaitement silencieux. Quelque chose d'important se tramait. Mais quoi ? Boba mourait de curiosité ; cependant, il ne se serait pas risqué à poser la question... c'était déjà bien qu'on lui ait levé sa punition !

Soudain, au détour d'un long corridor, ils tombèrent sur un impressionnant rassemblement de Géonosiens, ailés ou non. Une sentinelle en uniforme leur fraya un chemin parmi cette foule, et les introduisit ensuite dans une énorme salle très haute de plafond. Ici aussi, une multitude de Géonosiens, mais la pièce était si vaste qu'elle semblait presque vide. Chaque bruit de pas, chaque toussotement résonnait en écho.

Boba avisa l'Archiduc, assis dans une tribune avec d'autres officiels. Deux personnes se tenaient debout devant eux. Des prisonniers, manifestement. Mais à l'attitude rebelle.

Une sorte de coup de gong retentit, et le vacarme s'apaisa. Tout le monde regardait les prisonniers. Boba se haussa sur la pointe des pieds.

L'un d'eux était habillé en Jedi. Il était beaucoup plus jeune qu'Obi-Wan Kenobi.

« Ce doit être un apprenti », songea Boba, même s'il ne comprenait pas comment on pouvait souhaiter devenir un Jedi.

L'autre était une femme. Incroyablement belle. Avec un visage doux, si doux... comme celui que Boba donnait à sa mère, en rêve...

— Voici notre verdict, déclara un Géonosien : vous êtes reconnus coupables d'espionnage.

— Avez-vous quelque chose à ajouter avant que la sentence soit prononcée ? demanda un autre.

— Archiduc, articula la femme, très digne, vous commettez là un acte de guerre très grave. Préparez-vous à en subir les conséquences.

L'Archiduc ricana.

— Voyons, Sénateur... Vous semblez oublier que c'est nous qui fabriquons des armes... Nous *sommes* prêts !

Boba, étonné, tira sur le bras de Jango en murmurant :

— Sénateur, il a dit. Que fait un Sénateur ici ?

— Chut, fils ! Écoute !

— Qu'on en finisse ! rugit de la tribune un Neimoidian à la peau verte et aux yeux rouges. Je *veux* la voir souffrir...

Boba, lui, c'était l'autre Jedi qu'il voulait voir souffrir. Pas le jeune apprenti, et certainement pas la femme. Non, le tenace. Celui qu'ils avaient tenté de tuer, avec son père... Obi-Wan Kenobi !

Mais où était-il ?

L'Archiduc annonça justement :

— À propos, Sénateur… Kenobi, votre autre complice, vous attend ; nous venons de le capturer… ! Qu'on les conduise à l'arène !

Ha, un peu d'action ! Boba allait *enfin* découvrir l'arène…

Pourtant, une crainte inexplicable l'étreignit…

CHAPITRE XII

Comme presque tout, sur Géonosis, l'arène était creusée à même le roc. Par contre, elle était à ciel ouvert, et donc, lumineuse.

Les gradins étaient bondés de Géonosiens surexcités qui battaient des ailes et hurlaient.

Des marchands, en costumes colorés, allaient et venaient parmi les sièges, vantant leurs savoureux plateaux d'insectes crus, entre autres délices. Boba raffolait de l'ambiance, même si des friandises qui se tortillaient ne le tentaient guère…

Il se trouvait hyper-chanceux. Non seulement il n'était plus consigné, mais on l'emmenait au spectacle ! En outre, ils avaient droit à la tribune d'honneur, réservée aux officiels, avec le Comte et l'Archiduc…

Les trois prisonniers Jedi étaient dans l'arène, enchaînés chacun à un poteau.

Un Géonosien adipeux se leva, dans la tribune. Il s'éclaircit la voix et proclama :

— Les criminels ici présents ont été condamnés à mort pour espionnage envers le souverain système de Géonosis. Ils seront exécutés en public.

La foule applaudit, poussa des acclamations... Le gros Géonosien se rassit avec satisfaction.

Un petit trapu prit sa place et ordonna, agitant les bras :

— Commencez !

Boba ne savait plus trop quoi penser...

D'un côté, il détestait cordialement cet Obi-Wan, qui avait humilié Jango en déjouant ses plans par deux fois. Oui, celui-là, il voulait assister à sa fin...

L'apprenti Jedi, il s'en fichait. Non, le problème, c'était la jeune femme. Elle, il ne voulait surtout pas la voir mourir... Contrairement à un cruel Neimoidian qui salivait à cette perspective, en se frottant si fort les mains qu'elles en rougissaient...

Boba détourna le regard, dégoûté.

Trois grilles, dans l'arène, s'ouvrirent. Des cavaliers, montés sur des orrays, en sortirent. Armés de bâtons et de lances, ils en aiguillonnaient des bêtes monstrueuses pour les pousser au centre de l'arène.

Boba identifia un reek, une sorte de cheval assassin à corne aiguisée ; un nexu à crinière dorée, avec des griffes et des crocs acérés ; et un acklay, un géant doté de serres mortelles capables de couper un orray en deux d'une simple chiquenaude.

Les spectateurs adoraient ces sales bestioles. Il faut dire qu'ils étaient là pour cela, non ? La mort pour distraction.

Même Boba commençait à se prendre au jeu...

Pas les prisonniers, en tout cas !

La femme avait plus ou moins réussi à se dépêtrer de ses chaînes et se hissait à l'abri, vers le sommet de son poteau.

Boba l'encouragea tout bas. Il savait que ce n'était pas bien, mais il souhaitait vraiment qu'elle s'enfuît. Il l'y aurait même volontiers aidée... après, ils auraient profité ensemble du reste du spectacle...

Mais évidemment, c'était n'importe quoi...

Le reek courait autour de l'arène, battant l'air de sa corne, excité par les cris de la foule ; il fonça sur le poteau de l'apprenti Jedi.

BRAOUM !

Il ébranla le poteau. Le Jedi esquiva, puis, d'un élan puissant, il bondit sur le dos du reek et lui enroula sa chaîne autour de la corne. Ainsi, lorsque le monstre rejeta furieusement la tête en arrière, il arracha la chaîne du poteau, une chaîne dont le Jedi, libre, pouvait se servir comme d'un fouet, ou d'un lasso.

« Cool ! », admira Boba malgré lui.

Même si, comme tout le monde dans l'enceinte, il acclamait le reek... qui chargeait maintenant Obi-Wan. Le Chevalier Jedi s'écarta ; le monstre fendit le poteau sur toute sa longueur, brisant la chaîne de Kenobi.

De son côté, le nexu, babines retroussées, essayait de grimper jusqu'à la femme, qui se balançait dangereusement au sommet de son poteau.

C'était trop horrible... Boba ferma les yeux... et les rouvrit aussitôt car l'assistance poussa un gémissement.

Pris en chasse par l'acklay, Obi-Wan avait ramassé une lance. L'utilisant comme une perche, il sauta par-dessus un cavalier et son orray, si bien que l'acklay percuta ces derniers de plein fouet, les envoyant rouler au sol... où, d'un coup de serre, il coupa le cavalier en deux !

Les Géonosiens applaudirent à tout rompre. Peu importe qui perdait, dès l'instant que ça saignait... !

Pendant ce temps, la femme tentait toujours d'échapper au féroce nexu qui avait agrippé sa chemise... Elle se pendit à sa chaîne, s'élança dans les airs et précipita le nexu dans le sable, le blessant à la patte. Puis elle se rétablit sur le sommet du poteau, hors d'atteinte.

L'apprenti Jedi, qui contrôlait le reek avec sa chaîne en guise de rênes, vint la récupérer. Elle s'assit derrière lui. Le nexu, à terre, crachait et râlait... Le reek l'acheva au passage.

À son tour, Obi-Wan embarqua derrière la femme ; ils chevauchaient à présent tous les trois le reek...

La foule était en délire. Non pas qu'elle acclamât les criminels, mais la fièvre était à son comble...

Boba céda à l'exaltation générale. La femme était saine et sauve ! Jusqu'ici, en tout cas...

Néanmoins, c'en était plus que le Neimoidian pouvait en supporter. Il planta un regard furieux sur Jango Fett.

— Cela ne devait pas se passer ainsi. Jango, abattez cette femme !

Boba observait la scène. Qu'allait décider son père... ?

Jango ne bougea pas.

Le Neimoidian le fixa droit dans les yeux.

Jango le fixa en retour.

Le Comte brisa le silence pesant :

— Patience, Vice-Roi... Elle va bientôt mourir, rassurez-vous.

Une acclamation s'éleva du public et Boba reporta son attention vers l'arène.

Les grilles s'ouvrirent à nouveau. Les quatre, cette fois.

Des droïdekas investirent la place, se déployant à toute vitesse autour des prisonniers. Leurs lames étincelaient d'un éclat meurtrier...

C'en était fait d'eux.

Boba ferma les paupières... lorsqu'un léger cliquetis, dans son dos, le fit se retourner.

Il étouffa une exclamation de stupeur...

Un Jedi se tenait, menaçant, derrière son père.

Il avait la peau sombre, très sombre, et un regard foudroyant. Son sabre laser était allumé, le faisceau pourpre pointé sur la gorge de Jango...

CHAPITRE XIII

Les Géonosiens se turent brusquement. Les droïdekas se figèrent ; le reek cessa de ruer et de piaffer.

Un lourd silence s'abattit comme une chape de plomb sur l'amphithéâtre.

Le spectacle n'était plus dans l'arène, mais dans la tribune officielle… au grand désarroi de Boba.

Jango Fett demeurait parfaitement immobile. Son armure mandalorienne n'était pas de taille contre un sabre laser. D'un simple mouvement du poignet, le Jedi pouvait le décapiter…

Boba frémit, terrifié.

Le Comte, lui, gardait son calme. Comme toujours. Il aimait jouer avec le feu.

— Tiens, tiens… Maître Mace Windu ! C'est gentil d'être passé nous voir, persifla-t-il d'un ton sirupeux. Vous arrivez juste à temps pour l'instant de vérité ! À mon avis, vos deux récentes recrues auraient besoin d'encore un peu d'entraînement, non ?

— Navré de vous décevoir, répondit le Maître Jedi, mais la partie est finie !

Il fit un petit geste de la main. Un signal.

Aussitôt, une centaine de sabres laser s'allumèrent aux quatre coins des gradins.

Boba déglutit avec peine. D'où venaient tous ces Chevaliers Jedi ? Les systèmes de sécurité des Géonosiens laissaient vraiment à désirer ! Il comprenait pourquoi son père avouait à contrecœur respecter ces fichus Jedi. Ils avaient leurs méthodes… et du style.

Le Comte, comme d'habitude en situation de crise, affecta une mine aussi peu impressionnée que possible.

— La tentative est brave, mon ami, mais suicidaire. Nous sommes infiniment plus nombreux que vous !

— Permettez-moi d'émettre quelques réserves, répliqua Mace Windu en scrutant l'assemblée de ses yeux aux paupières tombantes. Les Géonosiens sont de médiocres guerriers ; un seul de mes Chevaliers en vaut cent !

— Je ne parlais pas des Géonosiens, rétorqua le Comte, glacial.

À son tour, il agita la main en un signal.

Boba entendit une sorte de grondement sourd, qui lui fit penser aux orages sur Kamino. Brusquement, toutes les portes de l'amphithéâtre s'ouvrirent et des droïdes de combat envahirent les allées par nuées. Lasers dégainés, ils visaient les Jedi, n'hésitant pas à griller tout ce qui se trouvait en travers de leur chemin.

Les rayons mortels fusaient à droite, à gauche ; Boba plongea en avant tandis que Mace Windu passait en position de défense. Il déviait les tirs des droïdes à coups de sabre laser, donnant l'impression de pourfendre l'air.

Jango Fett en profita pour s'accroupir et actionna le lance-flammes intégré à son armure. Il visa Windu, dont la cape fut instantanément engloutie dans un ouragan de feu.

Le Maître Jedi sauta dans l'arène, son vêtement enflammé flottant derrière lui comme le sillage d'une fusée.

Jango se mit à combattre auprès des droïdes, arrosant les Gardiens de la Paix de la galaxie de tirs laser.

Les Jedi se regroupèrent peu à peu au centre de l'arène, formant une barricade, dos à dos, autour du reek et de ses trois cavaliers…

Une lutte acharnée s'engagea…

Le reek, fou furieux, se cabra, désarçonnant finalement Obi-Wan, le jeune apprenti et la femme Sénateur.

Il s'ébrouait, galopait autour de l'arène, grognant, reniflant et martelant lourdement le sol, mutilant au passage droïdes, soldats géonosiens, Jedi et spectateurs à grands coups de sabots.

— Allez ! Allez ! s'époumona Boba.

Peu importait son camp, le show était fan-tas-ti-que ! Du sang, des cadavres, et la jolie femme indemne…

Quelqu'un lui avait fourni un blaster ; elle se débrouillait à merveille, éliminant droïdes et Géonosiens à la pelle.

Jango, des gradins, faisait un carnage. Il alignait victime sur victime. C'était la première fois que Boba participait à un combat d'une telle ampleur auprès de son père, et il adorait cela.

— Baisse-toi, fils !

Boba se hâta d'obéir. De sous la rambarde, il aperçut Maître Mace Windu, dans l'arène, qui se battait comme un lion. Fauchant droïdes et soldats de son sabre laser, il ralliait tous les Chevaliers Jedi par sa hardiesse.

Le reek le distingua parmi les autres, lui aussi… et se mit à le poursuivre autour de l'arène. Boba éclata de rire. En moins d'une seconde, le chasseur s'était transformé en proie !

Alors, Mace Windu fit volte-face pour se défendre. Il blessa le reek de son sabre laser mais l'animal chargea encore, le désarma ; le Jedi reprit sa fuite effrénée…

Dans la tribune, Jango Fett posa tendrement sa main gantée d'acier sur la tête de Boba.

— Attends-moi ici. Je reviens !

Ce devait être les dernières paroles que Jango adressait à son fils.

CHAPITRE XIV

Grâce à son jet-pack, Jango Fett se propulsa par-dessus la tribune et atterrit au beau milieu de l'arène. Le reek, enragé, tenta de le pulvériser. Mais l'homme roula sur le côté, échappant ainsi aux sabots meurtriers. Puis il se redressa lestement et tua le monstre en deux décharges de blaster.

Le moment était venu d'affronter Maître Windu face à face en combat singulier...

Boba, anxieux, se haussa sur la pointe des pieds, tout en évitant les tirs des super-droïdes de combat — des unités robots plus puissantes encore que les autres, et qui dominaient à présent le conflit.

Perdue sous le sable qui s'élevait en tournoyant du champ de bataille, l'arène résonnait de hurlements, du fracas des sabres laser qui s'entrechoquaient et du crépitement des déflagrations des blasters.

— Papa ! cria Boba en scrutant tant bien que mal le nuage de poussière.

Et puis, le nuage se dissipa... et le garçon vit son père...

Il vit le sabre de Mace Windu décrire un arc de cercle imparable ; il vit le casque de Jango s'envoler ; puis Jango s'écrouler à genoux ; puis le corps sans vie de Jango s'affaler dans le sable souillé de sang.

— NON ! Papa, non ! NOOOOON !

Soudain, le choc d'une explosion jeta violemment le garçon à terre. Il se releva en titubant, sonné, les tympans douloureux, tâchant de recouvrer ses esprits... Autour de lui, les allées grouillaient de droïdes et de Géonosiens...

Plus bas, l'arène était jonchée de cadavres, de morceaux épars de robots et de droïdekas ; le reek et l'acklay gisaient, raides morts. Submergés par le nombre, les Jedi n'en continuaient pas moins de lutter, la jolie femme alignant toujours carton sur carton à leurs côtés.

Au cœur de ce massacre, Boba ne parvenait plus à apercevoir ni son père, ni Mace Windu, d'ailleurs. Et s'il avait rêvé ? Si le duel auquel il avait assisté n'avait été qu'un cauchemar, une hallucination ?

« Mais bien sûr ! Papa a dû battre en retraite quelque part. Il déteste tellement s'allier aux droïdes ! »

Il est vrai que Jango Fett méprisait les robots.

— Ils manquent d'imagination, déplorait-il souvent.

Et, pour lui, l'imagination était la première vertu et la première arme d'un guerrier de valeur.

« Oui, rien qu'un cauchemar », se répéta Boba en escaladant les sièges afin de descendre vers l'arène.

Pourtant, si dépourvus d'imagination fussent-ils, les super-droïdes étaient en passe de remporter la victoire. Ils étaient certes supérieurs en nombre, mais surtout programmés, sinon pour gagner, du moins pour ne jamais abandonner.

Les robots, dans les gradins, tiraient ; les robots, dans l'arène, attaquaient... décimant sans pitié les rangs des Chevaliers Jedi. Il ne restait plus qu'une petite vingtaine d'entre eux, debout... Massés ensemble au centre de l'arène, ils étaient maintenant cernés, assiégés... complètement piégés !

Les droïdes avancèrent alors plus vite dans leur direction, pressés d'achever la besogne... lorsque le Comte leva la main.

— Maître Windu ! cria-t-il.

Le silence se fit.

Boba marqua un temps d'arrêt, abasourdi, accablé. L'homme à la peau sombre qu'avait combattu son père avança d'un pas, ruisselant de sueur, couvert de sable.

— Maître Windu, reprit le Comte, vous vous êtes battu vaillamment... Votre bravoure est digne de louanges, de respect et de recon...

Boba refusa d'en entendre plus. Quel tissu de mensonges !

Quoi... ? Ce Jedi minable ? Vaillant et tout, face au grand, à l'immense, à l'invincible Jango... ? Inepte !

Le garçon se remit en marche, se frayant un chemin à coups de coude vers l'arène, faisant le vide dans son esprit, uniquement tendu vers son but : parvenir jusqu'à son père...

— Ne t'inquiète pas, fils, dirait ce dernier, rassurant. Tu as juste fait un mauvais rêve, je te le promets...

La voix du Comte vibra à nouveau dans l'enceinte de l'amphithéâtre :

— Le jeu est terminé, Windu ! Rendez-vous, avec vos hommes et le Sénateur, et nous vous épargnerons.

— Pour devenir vos otages et servir de monnaie d'échange ? Hors de question, Dooku !

— Dans ce cas, je crains que nous ne soyons contraints de vous éliminer tous...

Le Comte hocha la tête ; les droïdes s'apprêtaient à donner le coup de grâce aux prisonniers quand, brusquement, la femme leva les yeux vers le ciel...

Dans les gradins, tout le monde regarda instantanément en l'air, Boba y compris...

Six spatiofrégates descendaient sur l'arène !

Elles se posèrent une à une autour des Jedi survivants... Les trappes s'ouvrirent, les passerelles s'abaissèrent et des soldats surgirent en mitraillant les droïdes, tandis que les Jedi se retranchaient à l'intérieur des vaisseaux, jouant toujours des sabres laser.

Boba ne prêta pas plus d'attention à tout cela. Il enjambait les sièges, se moquant pas mal que des troupes aient débarqué, que les frégates redécollent déjà, des Jedi encore pendus aux passerelles.

Ils s'échappaient. Tous.

Non seulement la femme, mais aussi ceux qu'ils haïssaient tant, son père et lui. Ce maudit Obi-Wan Kenobi, et puis l'apprenti, sans oublier le Maître au visage sombre, Mace Windu...

Bah, qu'importait ? Une seule chose comptait pour Boba : retrouver Jango.

Parvenu au bout de la dernière allée, il fendit la foule éberluée par le retournement de situation, escalada le muret, sauta dans l'arène.

— Papa ! Papa, où tu es ?

Des flaques de sang agglutinaient le sable sous ses semelles ; des cadavres s'entassaient de tous côtés...

Et quelque chose roula à ses pieds ; il baissa les yeux... Le casque mandalorien de l'armure de son père ! Le casque si familier, si...

... si vide, si dégoulinant de sang, si... si *mort*...

Comme un point, à la dernière ligne d'un roman, pour dire : « Voilà, l'histoire est finie. »

Le garçon tomba à genoux auprès du casque et le ramassa.

Ce n'était pas un mauvais rêve…

Tout ce qu'il avait vu était bel et bien réel.

CHAPITRE XV

Boba errait, l'âme en peine, comme invisible, perdu dans le chaos d'un combat sanglant.

Il enjambait machinalement les morts, ne remarquait pas les lasers qui sifflaient tout autour de lui. Il n'entendait pas plus les gémissements d'agonie que ses propres sanglots. Il ne savait plus ce qu'il pensait, ce qu'il ressentait, ce qu'il faisait. Il avait le cœur gelé et l'esprit engourdi, comme s'il déambulait dans le songe d'un autre…

Il traversait l'arène en somnambule, trébuchant parmi les débris macabres qui jonchaient le sol. La bataille faisait toujours rage ; les Jedi se repliaient à bord des spatiofrégates et les Géonosiens, affolés, évacuaient l'amphithéâtre.

Boba tenait le casque de Jango au creux de ses bras.

Il portait une pièce de l'armure de son père dans un univers qui avait volé en éclats. Tout n'était plus que fragments.

Croyait-il pouvoir, comme un puzzle, reconstituer Jango ? reconstituer son monde ?

Des droïdes, des corps démantibulés, partout.

Tant de cadavres, tant de blessés, tant de souffrance... Des blasters qui grésillaient, frénétiques, à droite et à gauche. Un robot tournait sur lui-même, dans un coin. Il lui manquait une jambe. Il arrosait les gradins de tirs incontrôlés.

Les rayons laser s'écrasaient aux pieds de Boba, soulevant des geysers de sable ; le garçon continuait d'avancer, indifférent.

Un soldat l'attrapa par le coude.

— À terre ! À terre ! hurla-t-il.

Le garçon tomba à plat ventre au moment même où une explosion déchirait l'endroit où il se trouvait une seconde auparavant. Une deuxième explosion, et il enfouit son visage contre le casque vide.

Quand, enfin, il releva la tête, il aperçut quelqu'un penché sur lui...

— Papa ! Donne-moi la main, je...

Il réalisa soudain sa terrible erreur.

Il ne s'agissait pas de Jango Fett, mais du soldat qui venait de lui sauver la vie. De celui-là, ou de n'importe quel autre, d'ailleurs... Car ils étaient tous absolument identiques, sous leur armure. Ils étaient ses jumeaux, mais en plus vieux. Les jumeaux de son père, mais en plus jeunes...

Les troupes qui avaient débarqué des frégates, c'était l'armée de clones que Jango avait entraînée sur Kamino !

Ils étaient imbattables, certes... Mais ils combattaient dans le mauvais camp ! Le camp des Jedi abhorrés !

Boba se releva, serrant les poings de rage. Cette abjecte trahison l'étouffait.

— Tu n'es qu'un gamin ! Je t'avais pris pour l'un des nôtres ! cracha le soldat avant de courir rejoindre un groupe de clones, près d'un vaisseau qui décollait.

Boba fulminait.

— Non, je ne suis pas l'un des vôtres, et je ne le serai jamais ! Moi seul suis le *véritable* fils de Jango !

La bataille s'achevait et l'amphithéâtre était maintenant presque déserté. Le Comte et l'Archiduc s'étaient éclipsés ; le dernier vaisseau armé s'éloignait tandis que les anneaux de Géonosis diffusaient une lueur orangée contre le ciel du crépuscule.

Boba arpentait l'arène, fouillant le sol du regard, lorsqu'il trouva finalement ce qu'il cherchait. Le corps de son père. Il gisait dans son armure mandalorienne, éraflée et tachée de sang.

Le garçon déposa le casque sur la poitrine de Jango, puis s'assit, éreinté, auprès du cadavre. Une larme coula le long de sa joue, dessinant un sillon dans la poussière noirâtre qui lui maculait le visage. Il l'essuya d'un geste déterminé.

L'heure n'était pas au chagrin.

Boba avait une mission à accomplir. Une dernière mission pour le grand Jango Fett.

La nuit était tombée. Les désastres du combat avaient débordé de l'amphithéâtre et s'étendaient sur une bonne partie de la région.

Les Jedi avaient remporté la victoire. Passés sous leur contrôle, les Géonosiens avaient assigné des escouades de drones à l'incinération commune des cadavres. Un Scoop furetait en cahotant dans l'arène ; il récupérait les restes des droïdes hors d'usage et allait les entasser dans une décharge avant recyclage.

Assis près de son père, Boba savait ce qu'il avait à faire. Il n'était pas comme les clones, lui ; il était son vrai fils, et c'était son devoir de s'occuper du corps de Jango. Après, seulement, il pourrait s'abandonner à ce cruel sentiment qu'il repoussait de toutes ses forces : la peine.

Boba plaça son père sur le passage du Scoop. Avec son armure, le robot le prendrait pour un droïde, et le ramasserait.

Quand ce fut fait, Boba grimpa à son tour, le casque de Jango entre les bras.

Le Scoop les transporta à l'extérieur.

Boba remplissait son devoir ; rien d'autre ne comptait.

Pour l'instant, du moins.

La décharge à droïdes, colline de boulons, circuits et pièces détachées en piteux état, se trouvait sous la mesa rouge.

Le Scoop y jeta son fardeau avant de repartir aussitôt dans le passage souterrain qui menait à la cité stalagmite.

Boba hissa le corps de son père sur la mesa. L'endroit lui paraissait assez beau, assez paisible pour y reposer éternellement.

Il débarrassa Jango Fett du carcan de son armure mandalorienne ; il admira un moment l'homme puissant qui l'avait si souvent protégé et réconforté.

Puis, s'aidant d'un membre arraché à une épave cybernétique, il commença de creuser une tombe qui embrassait l'ensemble du paysage. Ensuite, il tordit deux bras métalliques en forme de « J » et de « F » et les disposa sur la sépulture.

« J » et « F » pour Jango Fett. Pour que son père vive éternellement dans les mémoires.

Harassé, affamé, Boba s'allongea à côté de l'armure, contre le casque.

Il frissonna. Un vent froid soufflait du désert.

Il s'absorba dans la contemplation apaisante des anneaux orange qui encerclaient la planète. Il songea qu'ils berçaient Géonosis…

Et s'endormit.

Il rêva de la mère qu'il n'avait jamais eue, et du père qu'il avait eu la chance d'avoir.

En s'éveillant, le lendemain matin, il se sentait parfaitement reposé, et étonnamment bien.

Il découvrit qu'un serpent à fourrure s'était enroulé autour de lui, lui tenant chaud.

Boba bondit sur ses pieds. L'animal poussa un cri strident et se sauva, paniqué, en ondulant sur le sable.

« Et si c'était le même que l'autre fois ? », se demanda le garçon.

Bof, après tout, peu importait. L'essentiel, c'était qu'il eût accompli sa mission. Il avait donné une sépulture à son père. Une tombe pour la postérité, avec un « J » et un « F » en son honneur et que tout le monde identifierait.

Comme Jango Fett allait lui manquer !

Jango, l'homme fort qui l'avait guidé, protégé... aimé.

À présent, Boba était seul au monde.

Alors, pour la première fois, le garçon laissa libre cours à ses sanglots.

Et il pleura longtemps. Très longtemps.

CHAPITRE XVI

L'heure était venue d'agir, d'échafauder un plan.

Chaque chose en son temps, prônait Jango Fett.

D'abord, prendre le plus grand soin de l'armure mandalorienne. Elle devait revenir à Boba mais, dans l'immédiat, il était encore trop petit pour la porter, ou même s'en encombrer.

Le garçon la nettoya donc, réinitialisa les armes, puis la cacha dans une grotte, sous une colline, avec la ferme intention de revenir la chercher plus tard.

Ensuite, consulter l'unité-missive que son père lui avait confiée.

« S'il m'arrive malheur, fils, tu y trouveras toutes les informations dont tu auras besoin. »

Vu les circonstances, regagner leur appartement, dans la cité stalagmite, ne serait pas simple... Et puis, Boba avait été consigné, ce qui signifiait que son empreinte rétinienne n'ouvrirait sûrement plus la porte...

Boba réfléchit que le casque de Jango devait contenir les codes d'ouverture ; il le récupéra dans la grotte.

Maintenant, réintégrer la cité souterraine...

Un fracas métallique, dans la décharge à droïdes, lui donna une idée. Il s'agissait de la première livraison de la journée... le robot-collecteur repartait déjà recueillir une prochaine cargaison.

Vite, Boba enfourcha le Scoop, et pénétra ainsi dans le tunnel qui menait directement à la cité. Son père serait fier de lui !

Son cœur se serra lorsqu'il parvint aux marches de pierre : la dernière fois, il les avait empruntées en compagnie de Jango Fett ! Il refoula ses larmes. Pour l'instant, la meilleure manière d'honorer la mémoire de son père, c'était d'apprendre à respecter les Lois de son Code.

Oh, ce ne serait pas facile, cela exigerait nombre de sacrifices. Mais cela en valait la peine. Car c'était ce que Jango ambitionnait pour son fils unique. Et c'était aujourd'hui ce que Boba ambitionnait pour lui-même.

Boba s'engouffra dans l'escalier.

Il croisa quelques Géonosiens, qui ne prêtèrent heureusement aucune attention à lui. Un avantage quand on a dix ans : on ne prend jamais vos projets au sérieux !

Il entra dans l'appartement et se rua sur la boîte

où il conservait ses affaires personnelles. Tiens, l'unité-missive n'était pas là... ?

Subitement, l'horrible réalité s'imposa au jeune garçon : dans la précipitation du départ, il avait dû la mélanger avec les livres de la bibliothèque, à Tipoca City, et la rendre à Whrr !

Voilà pourquoi son ami l'avait rappelé ! Si seulement il l'avait écouté...

Bon. L'urgence était donc de retourner sur Kamino.

Boba prépara son sac, y fourra le casque mandalorien avec des vêtements de rechange, et tâcha enfin de rallier avec discrétion la piste d'atterrissage où était garé *Slave I*.

Le meilleur moyen de ne pas se faire remarquer, c'est de ne rien faire de particulier pour ne pas se faire remarquer, justement...

Boba traversait les couloirs le plus naturellement possible. Une crainte l'obsédait, cependant : saurait-il piloter le vaisseau sans la présence paternelle pour superviser les manœuvres... ?

Il n'y avait qu'une façon de s'en assurer : se jeter à l'eau !

Les Jedi avaient peut-être pris le pouvoir, n'empêche, les Géonosiens continuaient de protéger leurs biens. Deux sentinelles en faction discutaient à l'entrée de la piste d'atterrissage. Contrairement à ce que Boba avait espéré, les choses se corsèrent...

Un garde lui bloqua le passage.

— Halte-là ! Où comptes-tu aller, gamin ?

Boba brandit son sac.

— Papa m'a demandé de porter ça à son vaisseau, répondit-il d'un ton désinvolte.

— Et c'est lequel, son vaisseau ?

Le garçon pointa l'index en direction de *Slave I*. Avec sa carlingue toute cabossée, l'engin ne payait pas de mine. Mais bien mal avisé qui s'y fiait : sa vitesse et sa maniabilité n'avaient pas d'égales.

— Okay, vas-y, acceptèrent les gardes. On te laisse cinq minutes. Pas une seconde de plus. Après, on vient te chercher !

Impossible de procéder si rapidement aux vérifications de prédécollage. Le carburant, le chargement, les armes… Tant pis. Jango lui avait également enseigné qu'en cas d'impondérable, il fallait savoir s'en remettre à la chance…

Boba se dépêcha.

Une fois dans le cockpit, il enfila le casque et s'assit sur son sac, histoire de paraître plus grand, au poste de pilotage. Pourvu qu'il ait l'air d'un adulte !

Il alluma les moteurs, puis embraya en croisant les doigts…

Gagné ! Le garde n'y vit que du feu. Il lui adressa même un salut paresseux lorsque *Slave I* quitta la plate-forme et s'éleva dans le ciel limpide de Géonosis.

Se trouver aux commandes du vaisseau était une sensation familière pour Boba. Et il en remerciait son père ! Tout cela, c'était grâce aux entraînements, et aux heures passées à s'amuser, aussi. Jouer à conduire, c'est une autre manière d'apprendre un peu…

Il n'avait pas eu le temps de faire le plein, mais il constata qu'il avait tout juste assez de kérosène pour atteindre Kamino.

Il était en route… Comme il regrettait que Jango ne fût pas là pour l'admirer !

Il renifla.

Et se ressaisit. Il avait mieux à faire qu'à s'apitoyer.

Régler le problème de l'écho qui bipait brusquement sur son écran radar, par exemple…

Un chasseur Jedi !

Peut-être rameutait-il les traînards…

« Que me veut-il ? s'interrogea Boba. Me suivre ? Me forcer à atterrir ? Me… descendre à coups de blaster ? »

Le garçon savait deux choses : un, il ne pourrait jamais semer le chasseur stellaire ; deux, il ne pourrait pas non plus le combattre, puisque certaines armes de *Slave I* lui étaient inconnues…

Une seule option : se montrer plus rusé que lui !

Il changea de cap. Au lieu de se diriger vers l'espace, il plongea entre les canyons et les mesas qui entouraient la cité stalagmite. Il traçait adroitement dans les étroits goulets, virant à droite, à gauche…

Le chasseur Jedi gagna du terrain. Boba sourit : cela faisait partie du plan !

Il s'agissait d'un truc dont son père lui avait parlé. Un tour dont Jango Fett avait lui-même été victime, une fois. Rien qu'une.

Le canyon se sépara en deux routes distinctes. Le garçon ralentit, lança un missile dans la paroi, sur la droite, puis bifurqua à gauche où il se posa sur une petite corniche, à l'abri d'une falaise. Il coupa les machines et attendit.

Il attendit, attendit…

Si le Jedi se laissait avoir, il abandonnerait la poursuite après avoir vu l'impact de la fusée dans la roche. Sinon… soit le chasseur stellaire apparaîtrait au détour de la falaise et l'abattrait avec ses lasers, soit il réclamerait des renforts par radio et une flottille d'engins ennemis envahirait sans tarder le ciel…

Finalement, Boba remit ses moteurs en route et décolla.

Son piège avait fonctionné. Le Jedi avait fait demi-tour en apercevant les traces de l'explosion dans la paroi rocheuse.

Il avait cru que *Slave I* s'était crashé, désintégré…

Boba poussa son vaisseau par-delà les anneaux de Géonosis et entra dans l'espace…

Il n'avait encore jamais été seul dans l'espace…

Oh, la solitude, il connaissait, surtout depuis la disparition de Jango. Mais là, c'était bien différent… Le problème, c'est qu'il y a solitude et solitude…

Il n'existait aucun coin plus solitaire que le vide total de l'espace. Car l'espace, en fin de compte, c'est un nulle part infini… Du rien, du zéro, une absence pure, une absence d'absence…

Bienvenue dans le Grand Néant!

Boba frémit, en proie au vertige…

Puis il haussa les épaules. Le Grand Néant, il y songerait un autre jour. Une règle du Code de Jango disait:

Un chasseur de primes ne se laisse jamais ni affoler, ni distraire de son but par l'impressionnant. Pour lui, les petites choses priment sur tout.

Et Boba avait justement une mission à remplir.

Retrouver l'unité-missive.

De sa position lointaine, en orbite, Boba contempla Géonosis. De là-haut, la planète semblait si tranquille. On avait du mal à croire qu'une bataille féroce venait d'y faucher des centaines, peut-être des milliers de créatures. Y compris son père…

Le garçon secoua la tête et s'apprêta à passer en hyperespace. Pour un retour, le processus n'était guère compliqué.

Comme *Slave I* venait directement de Kamino, Boba n'avait qu'à inverser les coordonnés, dans le programme de l'ordinateur de navigation.

Le vaisseau s'occuperait du reste…

Le garçon s'exécuta.

Et tout marcha comme sur des roulettes.

CHAPITRE XVII

En hyperespace, les distances sont abolies. Le proche est loin, le loin est proche… *Slave I* était comme aspiré dans un trou, puis, non, il en ressortait…

Quand Boba réintégra enfin l'espace normal, il flottait en orbite autour d'une sphère de nuages reliés entre eux par des éclairs.

Kamino l'orageuse !

Le garçon était de retour dans son foyer… s'il avait jamais su ce que l'on entendait par là…

Boba se frotta les paupières, s'étira et entama les procédures d'atterrissage. Le vaisseau régressa en approche, traçant sa route parmi des nuages gris déchirés et des éclairs. Le tonnerre grondait ; la pluie tambourinait contre le cockpit.

Le jeune pilote ajusta la vitesse de l'engin et descendit en mouvements circulaires vers les lumières de Tipoca City.

Il avait souvent observé son père aux commandes. Aujourd'hui, Boba était seul pour réaliser la manœuvre, mais il percevait la présence de Jango auprès de lui. Il sentait presque le contact de sa main sur son épaule…

Boba coupa les moteurs et se posa en douceur sur la piste. Il n'y avait personne dans les environs, et le garçon soupira de soulagement. Si jamais quelqu'un s'était rendu compte qu'un gamin de dix ans avait volé sans adulte !

Dehors, il pleuvait à seaux… comme de bien entendu !

Boba enfila un poncho et s'extirpa du cockpit après avoir branché les réapprovisionnements automatiques d'air et d'eau. Kamino en *regorgeait* !

La petite bibliothèque, au bout de la rue, semblait fermée. Boba frappa.

— Hé, Whrr ! Tu es là ?

Quelle heure était-il donc ? Le garçon avait complètement perdu la notion du temps, depuis son voyage en hyperespace !

— Whrr, s'il te plaît, ouvre !

La lumière filtra enfin sous la fente. Il entendit le vrombissement et le cliquetis familiers…

Dommage que la bibliothèque ne fût pas un vrai magasin, où Boba aurait pu s'abriter. Au moins une banne se déroula-t-elle au-dessus de sa tête…

— Whrr ? C'est moi ! C'est Boba !

— Boba ? Te voilà de retour ! Où étais-tu passé ? Raconte !

Le garçon n'oublia aucun détail de la tragédie qu'il venait de vivre. Whrr s'en montra tout bouleversé.

— C'est épouvantable, mon pauvre Boba ! Te voici orphelin, à seulement dix ans ! Tu as de quoi te nourrir ? De l'argent ? Des vêtements ?

— Ben... pour manger, il me reste encore des crackers. Et j'ai une paire de chaussettes de rechange, aussi...

— Hum...

— Mais ça ira, ne t'en fais pas ! Mon père m'a laissé un truc, en cas d'accident. Le problème, c'est que je te l'ai rapporté par erreur, avant mon départ, tu te souviens ?

— Un livre ?

— Ça y ressemble, en tout cas. Avec une couverture noire, sans rien d'écrit dessus.

— Ne bouge pas, Boba, je reviens.

Des *CLIC*, des *CLANG* et des *BRRR* plus tard, Whrr glissa l'unité-missive par la fente.

— Et voilà, Boba. Mais il y a une amende, pour ce bouquin...

— Comment ? Mais ce n'est même pas un livre ! Et, en plus, il est à moi !

— Exactement. La bibliothèque te doit une somme de deux cent cinquante crédits pour son emprunt prolongé.

— Qu'est-ce que c'est que ces histoires ? Je ne…

— Tatata ! Le règlement, c'est le règlement. Prends tes crédits !

Whrr lui tendit l'argent. Boba comprit brusquement que son ami voulait l'aider, sans pour autant le froisser dans son orgueil…

— Bonne chance, petit. Le devoir t'appelle, maintenant. Reviens me voir, de temps en temps, si tu passes dans le coin…

— Je te le promets, Whrr ! Merci… et à bientôt, mon ami !

— À bientôt, Boba Fett !

La lumière s'éteignit ; le garçon entendit comme une espèce de reniflement, derrière la façade…

« Probablement la pluie, se dit-il en pivotant. Tout le monde sait que les droïdes ne savent pas pleurer… »

Boba n'arrivait pas à y croire ! Avec deux cent cinquante crédits, il pourrait acheter de l'épicerie, des habits, tout ce dont il aurait besoin… plus du carburant. C'était inespéré, pour lui, vu qu'il ignorait comment accéder au compte en banque de son père… !

Et puis, il avait récupéré le livre à couverture noire…

Avant de s'en aller, Boba souhaitait jeter un dernier regard à l'appartement où il avait vécu toute son enfance. Il entra donc dans l'immeuble, monta dans le turboascenseur et se demanda si les serrures identifieraient encore ses empreintes digitales et rétiniennes...

À ce propos, le garçon s'était fait du souci inutilement : il trouva la porte de l'appartement déjà grande ouverte. Il faisait noir comme dans un four à l'intérieur... rien à voir avec sa bonne vieille maison d'autrefois ! Tremblant, il se préparait à enfoncer l'interrupteur lorsqu'une voix le fit sursauter :

— Jango...

Taun We ! La Kaminoise était assise par terre, dans la pénombre, ses longues jambes repliées sous elle.

— J'ai vu arriver *Slave I*, ton vaisseau, ajouta-t-elle.

Boba traversa la pièce et se planta sous son nez. Taun We s'exclama :

— Hé ! Boba, ça alors, je t'ai confondu avec ton père ! Où est-il ?

Le garçon avait toujours considéré Taun We comme une amie de la famille. Il s'assit près d'elle et lui raconta.

— Pauvre enfant, dit-elle sans conviction.

Et Boba comprit brutalement qu'elle n'était pas une si bonne amie que ça, en fin de compte...

— Pourquoi tu voulais voir papa ? questionna-t-il.

— Après votre départ, les Jedi sont venus s'emparer de l'armée de clones. Ils souhaitaient interroger Jango Fett. À présent qu'il est mort, ils vont vouloir mettre la main sur toi, Boba.

— Mon père haïssait les Jedi.

— Je n'ai pas d'opinion. Nous autres, Kaminois, il n'est pas dans notre nature de ressentir des émotions. Mais l'équité m'oblige à te mettre en garde, Boba : les Jedi sont à tes trousses. Je dois aussi t'avouer que je leur ai appris que *Slave I* avait atterri en ville, et que ton père et toi alliez sûrement rappliquer ici, à l'appartement.

— Tu as fait *ça* ?

— Je me dois d'être honnête envers chacun. C'est dans ma nature.

— Je te remercie beaucoup ! s'écria Boba, amer, en se ruant vers la porte.

Taun We l'avait livré aux Jedi ! Incroyable !

Dire qu'il la prenait pour une amie ! Jango avait bien raison, avec son Code : *Ni amis, ni ennemis. Juste des alliés, et des adversaires.*

« Et Whrr, alors ? », pensa-t-il en pressant le bouton d'appel du turboascenseur.

Tout cela était si... déroutant !

Les portes du turboascenseur s'écartèrent... sur une femme Jedi ! Jeune et de haute stature. Vite, il bondit sur le côté afin de la laisser passer, et s'éloigna calmement, l'air de rien...

— Trop tard, Siri ! lança Taun We de l'appartement.

— Tout juste, Auguste ! cria Boba en se jetant tête la première dans un vide-ordures.

Il ferma les yeux, retint sa respiration et tomba, tomba, tomba…

Il ne redoutait pas la chute en elle-même, il craignait l'atterrissage…

BOUM !

Quelle veine ! Une pile de papiers et de vieux vêtements amortit le choc !

Boba s'épousseta, puis prit ses jambes à son cou, direction *Slave I.*

Il se surprit à sourire jusqu'aux oreilles…

CHAPITRE XVIII

L'avantage, avec Kamino, c'était que ses nombreuses perturbations électriques voilaient les traces, même aux radars... Les orages rendaient la détection quasi impossible.

Ainsi, Boba conduisit *Slave I* au cœur d'épais nuages, changea plusieurs fois de cap, afin de mieux brouiller les pistes, avant de finalement traverser l'atmosphère et de se retrouver en orbite dans l'espace.

De retour dans le Grand Néant !

Le moment était enfin venu pour le garçon de prendre connaissance du message que son père lui avait enregistré...

Il saisit l'unité-missive, tourna la couverture noire... qui, curieusement, n'opposa pas de résistance. Pas de pages, ni d'écriture d'aucune sorte. Juste un écran qui s'alluma automatiquement...

Un visage apparut peu à peu... Celui de Jango Fett, avec une expression d'une tristesse absolue.

— Boba.

— Papa ! s'étrangla le garçon.

— Si tu visionnes ce message, fils, c'est que je ne suis plus de ce monde. Te voici livré à toi-même. Et seul.

Boba soupira. Le chasseur de primes ne lui apprenait rien de nouveau, quant à sa solitude…

— Ainsi va la vie, Boba. Tout a une fin. Mais ne m'oublie jamais, n'oublie jamais combien je t'ai aimé. Plus qu'un père encore.

— Je te le jure, papa, je n'oublierai jamais, murmura Boba.

— Tu auras besoin de trois choses, maintenant que je ne suis plus là. Trois choses que tu devras te procurer par toi-même.

« Par moi-même, se répéta le garçon avec lassitude. Cela devient une habitude… »

— La première, c'est l'indépendance. Pour cela, contacte Tyranus. Il te permettra d'accéder aux crédits que j'ai mis de côté à ton intention. La deuxième, c'est la connaissance. Jabba le Hutt te renseignera. Prudence avec lui : il n'offre rien, à toi de te servir. En troisième, et c'est ce qu'il y a de plus important, fils, vient le pouvoir, la puissance. Il se trouve partout autour de toi. Il revêt de multiples aspects. Mais méfiance, il peut être redoutable. Ah, un dernier détail, Boba…

— Oui, papa, tout ce que tu veux !

— … conserve l'unité-missive à portée de main, surtout. Ouvre-la chaque fois que tu en éprouveras le besoin. Elle te guidera. Ce n'est pas un livre, mais un chemin de vie. Suis-le, essaie d'appliquer ses préceptes, et tu deviendras un grand chasseur de primes. Ce dont je ne doutais pas de mon vivant… ce dont je reste convaincu aujourd'hui.

L'image s'évanouit progressivement.

Boba referma le faux livre. Une serrure, dans la couverture, s'enclencha.

Waouh.

Bluffé, Boba s'assit, l'unité-missive sur les genoux, souriant et sanglotant à la fois. D'accord, il ne s'agissait que d'un enregistrement, mais pour lui, ce message avait une valeur inestimable. C'était un lien avec son père. Un vestige de son foyer, de son unique famille… et il se sentait moins abandonné.

Boba caressa la couverture noire avant d'enfourner le livre dans son sac de voyage.

Slave I naviguait en orbite parmi les étoiles scintillantes, haut au-dessus de Kamino. Vue d'ici, la planète cernée d'orages ressemblait à une grosse bille d'écume.

Le garçon vérifia ses réserves d'énergie. Il avait encore de quoi effectuer un saut en hyperespace ; après, il faudrait refaire le plein de carburant.

Bon. Alors, quelle était la priorité, à présent ?

Trouver le Comte Tyranus. L'homme pour lequel Jango avait créé l'armée de clones. Il avait assisté à la bataille, dans l'arène, sur Géonosis.

Mais Boba était certain qu'il avait profité du chaos pour s'enfuir. Un homme comme lui n'accepterait jamais l'idée d'être capturé par les Jedi…

Où avait-il pu se réfugier ?

« J'ai été recruté par un certain Tyranus, sur une des Lunes de Bogden », avait dit son père à Obi-Wan Kenobi, à l'appartement de Tipoca City.

Les Lunes de Bogden… C'était déjà un début, non ?

Boba Fett effectua une recherche dans la banque de données de l'ordinateur de bord.

Bogden était une planète marécageuse et inhabitée, autour de laquelle gravitaient de nombreux microsatellites, les « Lunes » en question.

Le garçon programma la position de ce système, embraya l'hyperdrive et s'en remit à la chance.

Slave I passa en vitesse-lumière, les étoiles dansèrent, valsèrent et tournoyèrent derrière les hublots, tandis que l'hyperespace se tordait, se repliait autour du vaisseau.

Boba se renversa dans son siège. Il ferma les yeux et chuchota :

— En route, papa… Je vais faire de mon mieux pour que tu sois fier de moi…

CHAPITRE XIX

De *nombreux* microsatellites... Bel euphémisme !

Boba avait quitté l'hyperespace et naviguait maintenant en orbite dans le système Bogden, que formait un essaim de microLunes. On aurait dit que quelqu'un avait jeté une poignée de cailloux autour de la planète grise ! Les Lunes, que Boba avait renoncé à dénombrer, étaient toutes de taille et d'aspect différents. Un vaisseau pouvait à peine atterrir sur la plus petite, tandis que la plus grande pouvait abriter des montagnes, une ville ou deux, et une mer asséchée.

L'anarchie régnait parmi ces satellites. Sur certains, il faisait jour, sur d'autres nuit... Quelques-uns jouissaient d'une atmosphère, mais la plupart non.

Boba les scanna un à un, en quête sinon d'un spatioport, au moins d'une ville où se poser.

La majorité des Lunes semblait déserte. En faisant son choix, le garçon en élimina d'emblée une en forme de poire d'où émanaient des fumées volcaniques une littéralement parsemée de pierres tombales une autre qui pullulait de plantes carnivores une recouverte de glace, et une autre encore où rougeoyaient des cendres ardentes.

Il finit par en localiser une à peu près sphérique, à l'atmosphère légère, respirable, manifestement habitée, et que se partageaient le jour et la nuit. Le scanner d'identification lui apprit qu'il s'agissait de Bogg 4.

Une petite ville s'éparpillait parmi des vallées rocheuses. Boba repéra les lumières qui signalaient une piste d'atterrissage. Il désactiva le pilotage automatique et entama la procédure d'approche.

Slave I descendait tout en douceur lorsque, soudain, une sorte de tornade secoua le vaisseau. Boba tenta de le stabiliser mais...

Une vieille blague courait. Elle disait :

« Non, quand je suis tombé, la chute s'est vraiment bien passée... sauf au moment de toucher terre, quoi ! »

Eh bien, ce fut exactement pareil pour le fils de Jango : il fit un atterrissage parfait... sauf au moment de toucher terre, quoi !

CRUNCH !

Slave I bascula sur le flanc, et Boba fut incapable de le redresser.

D'après le panneau de contrôle, il avait faussé un train d'atterrissage.

Heureusement, le coin était tranquille ; personne n'avait été témoin de cette désastreuse humiliation...

Boba sortit évaluer les dégâts. C'était pire que ce qu'il avait imaginé, et il n'avait pas la moindre idée de la façon de réparer.

Pris de vertige, il retourna chercher son sac dans le cockpit. Il ne possédait ni trousse ni manuel de réparation. Mais il y avait l'unité-missive...

Il l'ouvrit. L'écran s'alluma ; deux lignes s'inscrivirent... deux règles du Code de Jango, peut-être ?

Lorsque tu conclus un marché, ne dévoile jamais l'entière vérité.

Accorder une faveur à quelqu'un, c'est investir sur l'avenir.

Flûte ! Rien sur la mécanique !

Désappointé, Boba rangea le livre noir.

— À qui, ce vaisseau ? crissa brusquement une voix haut perchée dans son dos.

Il tressaillit, se retourna, et se retrouva face à une créature humanoïde au regard perçant. Il reconnut à son long museau, ses fines pattes à sabot, sa barbiche et son turban pourpre un H'drachi, de la planète M'Haeli. À cette différence près qu'un outil multifonction remplaçait son bras droit. Il portait un bleu de travail, avec ces mots cousus sur la poche :

HONEST GJON
ASTRO-STATION-SERVICE
« nous vous épaterons »

— À moi, jeta Boba avant de s'empresser de rectifier, à cause de son jeune âge : Enfin, c'est celui de mon père, quoi…

— Et où peut être ce père, qui est vôtre ? demanda le H'drachi en bégayant de façon caractéristique.

— Il n'est pas disponible pour le moment. Mais je suis là, moi. Je vous écoute.

— Je me présente : Honest Gjon, à votre service. Ce terrain m'appartient ; vous me devez un droit de stationnement. Je m'occupe de toutes les réparations, aussi. Apparemment, ce ne serait guère du luxe…

— Apparemment, oui.

La tête de Boba lui tournait toujours. Il tâta au fond de sa poche les crédits de Whrr et s'enquit :

— Combien, pour un train d'atterrissage ?

— Combien possédez-vous ?

Le garçon allait répondre : deux cent cinquante crédits, quand il se rappela subitement le conseil de son père : Lorsque tu conclus un marché, ne dévoile jamais l'entière vérité.

— J'ai deux cents crédits, rétorqua-t-il alors.

— Quelle coïncidence ! Si je vous annule la taxe de stationnement — ce que je fais, parce que c'est vous —, c'est *exactement* ce que cela coûte !

« Finalement, l'unité-missive m'aura aidé, sur ce coup-là ! », songea Boba, soulagé d'avoir sauvé cinquante crédits…

Il paya Gjon, puis se rendit en ville.

Il n'avait pas fait dix pas qu'il trébuchait. Il se releva, plus étourdi que jamais, perdit l'équilibre à nouveau et réalisa soudain pourquoi il avait été si ardu d'atterrir : quelque chose secouait Bogg 4… Étrange…

C'était comme si le sol tremblait sous ses pieds, alors qu'en réalité tout semblait stable…

Boba se redressa encore, progressa d'un pas prudent. Ses vertiges allaient et venaient. Et brusquement, il comprit l'origine du problème : *la gravité fluctuait !*

Un mur longeait la route. Il s'y cramponna, et avança ainsi jusqu'aux portes de la ville. Là, il estimait s'être enfin habitué au « roulis » de la planète, quand une exclamation, derrière lui, brisa ses illusions.

— Toi, tu es un nouveau venu. Un nouveau venu, oui.

Le garçon se retourna sur un être maigre, en long manteau noir, avec de grands doigts palmés et un plumage blanc en guise de cheveux. Il avait un visage inquiet, contracté.

— Ça se voit trop à ta démarche. Ta démarche, oui.

— Et après ? grincha Boba, le cœur au bord des lèvres. Qu'est-ce qui se passe, avec la pesanteur ?

— C'est la faute de l'entrecroisement perpétuel des Lunes. Soit elles annulent l'une l'autre leur attraction, soit elles la doublent, au contraire. C'est pour ça qu'on se déplace plutôt dans les airs, oui.

Boba chercha des ailes sous le manteau noir. En vain.

— Tu viens d'ici, alors ? demanda-t-il.

— Moi, de Bogg 4 ? Oh non ! Je viens de toutes les Lunes à la fois, toutes les Lunes, oui. Dis donc, tu as chopé le truc, gamin. Tu l'as chopé, oui.

— Hein ? Quel truc ?

— Pour marcher. Tu te débrouilles bien, à présent. Bien, oui.

Aia — ainsi se prénommait l'humanoïde aux plumes blanches — expliqua à Boba que les Lunes de Bogden étaient une sorte de paradis pour hors-la-loi. Ici, on n'exigeait aucune autorisation, on ne posait aucune question.

— Ce qui signifie que personne ne songera à embêter un garçon de dix ans sans parents. Personne, oui.

Et c'était la vérité. Boba se sentait encore plus invisible sur Bogg 4 qu'il ne l'avait jamais été sur Kamino, ou Géonosis. Personne ne le regardait.

Une foule hétéroclite composée de créatures issues des quatre coins de la galaxie envahissait les rues. Toutes avec la même démarche chaloupée, à cause des ondes instables de la gravité.

— Eh bien, Boba, reprit Aia. Qu'est-ce qui t'amène, oui ?

— Je dois voir quelqu'un, répondit évasivement le jeune garçon, méfiant. Un homme qui aurait engagé un certain chasseur de primes…

— Oh, les chasseurs de primes, ce n'est pas ce qui manque, sur Bogg 4 ! Des gens dangereux, oui. Ils fouinent, échangent des renseignements, glanent des missions… Ils ne se fréquentent qu'entre mercenaires, oui. Ne me dis pas que tu en as un à tes trousses, oui ?

Boba éclata de rire.

— Aucun risque ! Je suis le fils de l'un d'entre eux !

— Alors voici ce qu'il te faut, oui !

Aia s'arrêta devant une taverne, « Au Joyeux Mercenaire ».

— Le QG des chasseurs de primes, oui, précisa-t-il.

Le garçon jeta un œil par la fenêtre. La salle était presque vide. Il aperçut de longues tables, des bougies vacillantes, des bûches fumant dans la cheminée…

— Okay, Aia. J'attendrai ici que Honest Gjon ait fini de réparer mon vaisseau.

— Honest Gjon ? Oh, misère, oui…

— Pourquoi ? Il y a un problème ?

— Heu, non, enfin, si. Bon, aucune importance. Je te laisse, alors, oui.

Boba tressaillit. Il avait besoin de lui, il était son seul guide dans cet endroit inconnu…

— Comment ça ? Tu n'entres pas avec moi ?

— Ben, heu… non… ma… ma religion me l'interdit, oui.

— Ta religion, mon œil ! cria un Rodian, une race verte, reptilienne, sur le pas de la porte de la taverne.

— Aia n'est qu'un petit voleur à la tire, un pick-pocket… et il sait que nous le savons ! renchérit un Diollan au large bec et à la peau parcheminée.

Les membres de ces deux espèces devenaient souvent des chasseurs de primes, Boba ne l'ignorait pas.

— Ouais, même nous, il nous a volés ! ajouta le Rodian. Et il est recherché…

Ils saisirent Aia chacun par un bras.

— Oh non ! s'exclama le malheureux en se débattant. Non, pitié, oui !

Tout à coup, Boba se remémora la seconde partie du message de son père : Accorder une faveur à quelqu'un, c'est investir sur l'avenir.

Peut-être que s'il secourait Aia, son geste se révélerait payant plus tard…

— Combien il vous doit ? demanda-t-il aux deux mercenaires.

— Vingt crédits, cracha le Diollan.

— Pareil pour moi, dit le Rodian.

— Parfait. Je paie ses dettes, et vous lui fichez la paix. D'accord ?

Il leur tendit l'argent, craignant de ne plus pouvoir acheter beaucoup de vivres avec seulement dix crédits… Au moins, Aia accepterait de rester auprès de lui…

Mais, aussitôt libéré, Aia déploya son long manteau comme un cerf-volant, plia les genoux… et s'élança dans les airs ! Il s'envola, dépassa le toit du bâtiment et disparut au loin.

Consterné, Boba le suivit des yeux…

Puis le Diollan et le Rodian retournèrent dans le bar ; il leur emboîta le pas. Certes, il venait de perdre un investissement, mais, après tout, ne leur avait-il pas accordé une faveur en les remboursant ?

— Dites, lança-t-il. Vous pourriez m'aider. Vous êtes bien des chasseurs de primes ?

— Je veux ! ricana le Rodian. Pourquoi ? Il y a un contrat sur ta tête ?

— Non. Je suis le fils de Jango Fett.

À ces mots, les deux compères le dévisagèrent, manifestement intéressés, avant de l'entraîner à une table. Ils firent signe au tavernier, lequel leur servit à boire et à manger.

Boba goûta au thé amer. Il remarqua que plus il en ingurgitait, moins il avait le tournis. Ses hôtes entamèrent la discussion.

— On connaît ton père.

— Un grand, un très grand chasseur de primes. Et un grand bonhomme, aussi.

Alors Boba décida de leur faire confiance. C'étaient des collègues, quand même !

Il leur relata les circonstances de la mort de Jango, et tout ce qu'il était advenu ensuite. Parler de la tragédie soulagea un peu son chagrin ; d'une certaine manière, cela transformait le drame en roman. Était-ce la raison pour laquelle les gens racontaient des histoires ? Pour surmonter des épreuves personnelles, exorciser de vieux démons... ?

— Et puis je suis venu ici parce que je cherche un client de papa, conclut le garçon à la fin de son récit.

— Comment il s'appelle ?

— Comte Ty...

Il hésita. À part lui, nul n'était censé le connaître sous ce nom. Il valait mieux mentionner l'identité qu'il utilisait sur Géonosis...

— C'est le Comte Dooku, rétorqua-t-il finalement.

— Dooku ? Il n'est pas ici. Va plutôt fureter du côté de Coruscant.

Boba fronça le nez, sceptique. Cette immense planète, la capitale de la galaxie, abritait le siège de la République ; et c'était le fief des Jedi ! Qu'aurait donc fabriqué Tyranus là-bas ?

— Coruscant ? Vous êtes sûrs ?

— Tout à fait sûr, petit ! intervint, catégorique, le Rodian.

— Positif ! appuya le Diollan. Va au « Bar d'Orion », dans la ville basse.

— Le tenancier te renseignera ! Il saura exactement quoi faire.

— Merci, merci beaucoup, les gars ! s'exclama alors le garçon en se levant de table.

Avant de partir récupérer *Slave I* chez Honest Gjon, il voulut régler son addition, mais les mercenaires insistèrent pour l'inviter. Les remerciant une dernière fois, Boba sortit.

Le Diollan et le Rodian s'adressèrent un sourire complice.

— Simple comme bonjour ! Le genre de boulot dont on rêve, ce gamin ! dit l'un.

— Ouais… Le genre qui se livre lui-même à l'employeur, nous épargnant ainsi bien du tracas… sans parler des économies de carburant ! renchérit l'autre.

En regagnant le terrain d'atterrissage du mécanicien, Boba nota que l'effet du thé commençait de s'estomper ; ses étourdissements le reprenaient déjà… les satellites lunaires de Bogden ne cessaient de se croiser et de s'entrecroiser…

N'empêche, quelle veine il avait eue, depuis le début ! Il osait à peine y croire…

Dénicher la bonne lune dès le départ, et les deux chasseurs de primes qu'il fallait, et localiser Tyranus du premier coup… et dîner gratuitement !

Oui, un investissement de choix, ses quarante crédits pour Aia !

Il ne lui restait plus qu'à décoller, cap sur Coruscant.

Seulement, il tomba sur un os à l'astro-station-service…

Et de taille…

Slave I.

Il n'était plus sur la piste.

CHAPITRE XX

Boba s'assit par terre et gémit, la tête entre les mains.

Adieu, *Slave I*... et avec lui, l'unité-missive, et le casque de l'armure mandalorienne de Jango. Son héritage, quoi. Et, pour couronner le tout, il n'avait presque plus un sou en poche !

Comment avait-il pu se montrer aussi idiot ? Comment avait-il pu trahir ainsi la mémoire de son père bien-aimé ?

Un claquement de bec lui fit lever les yeux. Aia le regardait, l'air désolé.

— C'est ce que je craignais, c'est pour cela que je suis revenu, dit-il. Ce Gjon est un escroc, oui !

— Il n'est pas le seul, espèce de voleur !

— Mes mains volent, pas moi. Et elles ne prennent que le strict nécessaire, oui. Pour te prouver ma bonne foi, je vais te conduire à Honest Gjon le mal nommé, oui !

— Tu sais où il est ?

— Bien sûr. À son échoppe. Il y démonte les vaisseaux ; les pièces détachées, cela passe davantage inaperçu, oui !

Boba sauta sur ses pieds.

— Mon Dieu, *Slave I* ! Il n'y a pas une minute à perdre… vite, donne l'adresse de sa boutique, Aia !

Le Sélénite pointa l'index en direction d'une des nombreuses Lunes de Bogden.

Boba s'écria :

— Oh non, tout est fichu, alors, s'il l'a emporté sur un autre satellite de la planète !

— L'andouille l'a fait exprès, il pensait que tu ne pourrais pas le suivre, oui.

— Et il avait raison, je te signale !

Aia l'empoigna par la main et l'entraîna sur le sentier qui s'enroulait autour d'une petite colline en surplomb de la piste d'atterrissage.

— Gjon *aurait eu* raison si tu avais été un adulte, Boba, oui. Mais il n'a pas bien calculé son coup. Tu ne pèses pas bien lourd, ça devrait fonctionner, oui…

— Quoi ? Qu'est-ce qui devrait fonctionner ? balbutia Boba.

Ses vertiges redoublèrent.

Ils étaient parvenus au bout du chemin… tout au bord d'une falaise à pic… qui plongeait directement dans le vide !

Au-dessous, l'obscurité totale ; au-dessus, l'espace, les étoiles, les Lunes de Bogden…

— Tu vois, expliqua Aia. Les Lunes montent, descendent et se croisent, et les ondes de leur attraction propre s'entrechoquent en permanence, oui. À nous d'utiliser ces « vagues de pesanteur » comme moyen de locomotion. Nous pouvons planer sur elles comme les oiseaux planent sur le vent, oui.

Boba détestait cette idée. Il voulut reculer, mais Aia, sans le lâcher, s'était déjà précipité dans le vide…

Ils tombèrent comme des pierres…

… puis attrapèrent un courant gravitationnel et s'élevèrent brusquement vers le ciel.

— Tu vois, Boba, c'est simple. Nous profitons des vecteurs ascensionnels et nous nous laissons aspirer, puis porter par eux, oui, dit Aia, son manteau déployé comme une aile volante. Et lorsque notre vecteur nous lâche, on n'a qu'à franchir le prochain qui passe, oui !

— Espérons-le ! maugréa le garçon.

Aia l'entraînait en lui agrippant fermement le poignet. Soudain, ils perdirent pied et recommencèrent à tomber, jusqu'à ce que, brutalement, ils remontent en flèche. Bondir d'un courant de gravité à l'autre relevait presque de l'exploit ; de véritables montagnes russes !

Boba souffrait de haut-le-cœur, il finit par vomir.

— Beurk ! lança le Sélénite. Si j'avais su que tu…

— Pardon, coupa le garçon, gêné.

Il se sentait moins étourdi. En fait, plus ils planaient haut, plus c'était facile. Ils croisèrent d'autres créatures qui, comme eux, traversaient les nuages à la vitesse de l'éclair. Elles étaient toutes d'aussi petite taille qu'Aia.

— Regarde-les, Boba, oui, dit encore le Sélénite. Nous autres, nous sommes les messagers des Lunes de Bogden. Nous sommes les seuls êtres assez légers pour voyager ainsi d'un monde à l'autre, entre les satellites. Les seuls avec toi, pour peu que tu restes avec moi, oui !

« Aucune crainte à avoir, pensa Boba en lui serrant plus fort la main. Toi et moi, on reste collés, mon vieux ! »

Bogg 4 s'amenuisait au loin. Les étoiles luisaient d'un éclat aveuglant, il faisait de plus en plus froid et respirer devenait impossible.

« On va trop haut, songea Boba, paniqué. On est quasiment dans l'espace ! »

Puis Aia désigna une Lune sombre qui allait croiser l'orbite de Bogg 4…

— Voici Bogg 11, Boba, oui.

La pesanteur tirait les deux Lunes, enchevêtrant leurs nuages en de longues algues célestes.

— Repère l'écume, conseilla Aia. C'est là que les deux atmosphères s'effleurent. C'est là qu'on saute, oui.

— Et si on rate, Aia, hein, si on rate ?

— Disons qu'on gèle, dans l'espace. Et l'éternité, c'est glacial, ça oui. Alors, accroche-toi bien et retiens ta respiration, oui !

Retenir sa respiration, pas de souci. Mais s'accrocher, c'était une autre paire de manches... Boba avait les doigts raides, engourdis par le froid.

Progressivement, il sentit la main d'Aia glisser de la sienne...

Il voulut pousser un hurlement, aucun son ne sortit de sa bouche : il n'y avait plus assez d'oxygène pour propager les bruits.

Boba ferma les paupières. Il se mit à tournoyer sur lui-même ; son corps, ballotté, ne pesait plus rien. Il dérivait en vrille dans le Grand Néant... dans la vacuité de l'espace. De la mort.

« Papa, j'arrive, ton fils te rejoint... », songea-t-il.

Une sensation bizarre, paisible, que celle de mourir...

Et puis, voici que la pesanteur s'empara à nouveau de lui et le stabilisa enfin. Mais Boba ne pouvait retenir sa respiration plus longtemps. Sachant pertinemment que le vide lui déchirerait les poumons, il inspira malgré tout...

Il inspira donc une grande goulée... d'air ! Certes, de l'air un peu vicié, mais qui lui parut ô combien délicieux ! Et inespéré !

Il rouvrit les yeux. Aia lui tenait la main ; ils

planaient dans le ciel d'une planète différente de Bogg 4. Plus petite, plus enfumée, aussi.

— Bogg 11, oui, déclara Aia en amorçant une descente en larges boucles concentriques.

Ils aperçurent *Slave I*, au milieu de monticules de pièces détachées, au fond d'un ravin, dans une vallée rocheuse.

— Par chance, il n'est pas trop tard, Boba, oui. Gjon n'a pas encore détruit ton vaisseau. On a réussi, oui !

Ils atterrirent sur une colline. Boba roula au sol. Il se redressa aussitôt, brossa la poussière de ses vêtements et courut vers *Slave I*, Aia sur ses talons.

Honest Gjon les vit arriver. Il ne bougea pas.

Boba ramassa une pierre.

— Dommage, cracha-t-il avec colère. Je n'ai pas de blaster. Mais ceci fera l'affaire... Il a intérêt à me restituer mon bien !

— Ne sois pas stupide, dit Aia. Pose cette pierre. Même nous, les bandits, on a le sens de l'honneur, oui.

Un *certain* sens d'un *certain* honneur, rectifia intérieurement le garçon quand Gjon leva les mains en l'air avec un sourire et qu'il s'exclama :

— Hé, les gars ! Vous ne pouvez pas m'en vouloir d'avoir essayé, quand même... !

Boba secoua la tête, excédé. Il retrouva son sac intact dans le cockpit du vaisseau spatial, avec le casque et l'unité-missive toujours à l'intérieur. Il consulta le faux livre noir.

Sur l'écran apparut : Avoir de l'argent, c'est avoir le Pouvoir.

Il rangea le livre électronique dans son sac. En quoi cette phrase le concernait-il ? Il était pauvre comme Job !

De son côté, Honest Gjon ne quittait pas Boba des yeux.

— Qu'est-ce qu'il y avait d'écrit ? demanda-t-il carrément.

— Que vous deviez me rendre mon argent !

— Halte-là ! Ce serait injuste, j'ai réparé votre train d'atterrissage défectueux, tout de même !

— C'est un fait, Boba, tu ne peux le nier, oui, renchérit Aia.

— Ouais, admettons… Mais vous ne pouvez pas m'en vouloir d'avoir essayé…, répéta Boba en haussant les épaules.

Ils rirent tous trois de bon cœur, mais le fils de Jango n'en oubliait pas pour autant la suite de sa mission…

CHAPITRE XXI

Boba aimait bien ces deux hors-la-loi des Lunes de Bogden. Ils considéraient leurs délits et larcins comme un jeu, un peu à la façon des chasseurs de primes.

— Coruscant ? s'étonna Honest Gjon lorsque Boba leur eut fait part de ses projets. C'est un endroit dangereux…

— Et très cher, ajouta Aia. Avec dix crédits, tu n'iras pas bien loin, oui.

— Il faudra pourtant que je m'en contente, rétorqua le petit garçon.

— Non, non. Il existe des tas de moyens de se remplir les poches, oui.

— Par exemple ?

Gjon se racla la gorge.

— Le crime paie, Boba… J'ai entendu parler d'argent qui passait en fraude entre Bogg 2 et Bogg 9. Une bande de joyeux compagnons avec un bon vaisseau stellaire et un peu de veine devrait pouvoir s'enrichir aisément…

— Pourquoi ne serais-tu pas l'un de nos coéquipiers, Boba, oui ?

— Mais, il s'agit de quoi, exactement ? s'enquit le garçon, intrigué. Un vol ? Un détournement ?

— Une *interception*, plutôt qu'un vol. C'est de la fausse monnaie, tu comprends… Elle est fabriquée sur Bogg 2, puis envoyée par ballons sur Bogg 9 quand l'alignement des deux satellites est idéal.

— Ils utilisent le même procédé que nous pour voyager, intervint Aia. Au moment où les atmosphères s'effleurent, les ballons passent d'une lune à l'autre par les courants ascensionnels, oui.

— Une ruse de contrebandier, reprit Gjon. Si on leur fauche un ou deux chargements, à qui se plaindront-ils ?

— Ils imagineront que les paquets manquants ont dérivé, oui. Mais, j'y pense… intercepter les ballons en plein vol réclame un pilotage de haut niveau. Peut-être que Boba n'est pas assez expérimenté, oui…

— On part quand ? s'empressa d'interrompre le garçon.

— Dans une dizaine de minutes, oui.

Aia adressa un clin d'œil à Honest Gjon.

— Je t'avais bien dit qu'il accepterait, oui ?

Boba ralentit les machines ; il positionna *Slave I* en orbite juste au-dessus de l'atmosphère de Bogg 2, une planète terreuse hérissée de pics montagneux.

— Coupe tout, recommanda Gjon. Les lumières, la radio, tout. Ils ne nous repéreront pas. Le truc consiste à s'emparer du ballon au moment où il monte. Tu t'approches, et je le coince dans la trappe de la passerelle d'embarquement...

— Laissons passer le premier, afin de ne pas éveiller les soupçons, oui, proposa Aia.

— Super-plan ! s'enthousiasma Boba.

— Attention, les gars ! Premier ballon en vue ! s'écria Honest Gjon.

Il tendit le viseur astronomique à Boba ; un ballon rouge s'élevait d'une vallée rocheuse.

Boba passa le viseur à son tour à Aia. Le ballon traversa rapidement la zone de perturbations où se croisaient les courants gravitationnels, entre les Lunes. Un genre de gondole se balançait au bout de la baudruche ; elle débordait de ballots pleins de crédits...

Les yeux de Boba brillèrent de convoitise. Avoir de l'argent, c'est avoir le Pouvoir.

Si seulement Jango était là !

— Tenez-vous prêts, le deuxième ballon décolle ! cria soudain Honest Gjon.

Il transportait une plus grande gondole.

« Et donc, plus d'argent encore ! », se réjouit tout bas Boba.

Aia s'occupa de le guider tandis qu'il pilotait.

— Recule d'un poil, oui. Maintenant, avance. Stop ! Monte un peu, oui…

Honest Gjon attendait devant la trappe ouverte. Ils passèrent enfin à proximité du ballon et…

— Ça y est, les gars ! Je l'ai !

— Génial ! Referme la trappe et filons !

— On en cueille d'abord un autre, Boba, oui.

— Mais, Aia… On avait dit « un ». Si on traîne trop dans le coin, on va se faire coincer !

— Juste un de plus, ça ne fera de mal à personne, décida Honest Gjon en plongeant les mains avec délice dans les billets de banque craquants et flambant neufs.

« Après tout, pourquoi pas ? se dit Boba. Autant en profiter. Plus, c'est toujours mieux ! »

Une règle à ajouter au Code du bon chasseur de primes !

Il restabilisa *Slave I* entre les courants gravitationnels des deux Lunes en rotation.

— En route pour le numéro trois, oui ! s'exclama tout à coup Aia.

Honest Gjon rouvrit la rampe, tira le ballon rouge à l'intérieur… La gondole était immense, cette fois, de quoi transporter un humain ! Et…

— Oups ! Y a un pépin, les gars, marmonna Honest Gjon.

Ils se retournèrent. Un soldat, son blaster à la main, se tenait auprès du mécanicien.

— Vous êtes tous en état d'arrestation, rugit-il d'un ton rogue.

— C'est un malentendu, oui ! s'affola Aia. Cette fausse monnaie ne nous appartient pas, on va la rendre, oui !

— Je me fiche de l'argent, répliqua le soldat avec un sourire carnassier. Vous êtes des contrebandiers. Je confisque ce vaisseau au nom de la loi en vigueur.

Boba déglutit avec peine. Comment ? Abandonner *Slave I*, le vaisseau de son père ? Jamais de la vie ! Non, Jango lui avait enseigné un truc, autrefois… Il allait tenter le tout pour le tout…

— Debout, gamin ! lui ordonna le soldat en le menaçant de son arme. Et les mains sur la tête, que je puisse les voir !

— Oui, monsieur.

Boba quitta son siège de pilote, non sans avoir discrètement enclenché les commandes : EN AVANT, TOUTE et RETARDATEUR, programmé à 4, comme son père le lui avait montré…

Il commença mentalement le décompte : quatre, trois…

Le soldat les poussa vers la trappe.

— Qui veut prendre l'air le premier ? cracha-t-il avec méchanceté.

Boba comptait toujours : … deux, un…

D'un bond, il s'agrippa au dossier de son siège. Aussitôt, les moteurs s'emballèrent et *Slave I* fit une embardée, envoyant s'écraser Honest Gjon, Aia et le soldat contre la carlingue.

Boba se rassit aux commandes et vira brutalement de cap. Gjon et Aia saisirent alors le soldat encore sonné par les bras ; ils le tirèrent jusqu'à la trappe ouverte... et le jetèrent dehors !

Reprenant le contrôle total de *Slave I*, Boba grimaça.

— Mince ! On a assassiné un soldat de sécurité... on est dans un sérieux pétrin !

— On n'a assassiné personne, protesta Aia. Il a un parachute, oui !

— Et puis ce n'était même pas un vrai soldat, précisa Honest Gjon. Il avait un faux uniforme, aussi faux que nos billets ! C'était un *pirate de l'espace* !

— Mission accomplie !

Boba rayonnait de bonheur en posant *Slave I* sur la piste privée de Honest Gjon. Non content d'avoir sauvé son héritage, il avait gagné de l'argent. Beaucoup d'argent.

— Partageons le butin en trois immédiatement, que je puisse partir ! dit-il.

— Mauvaise nouvelle, oui, annonça Aia. Les billets se sont tous envolés par la trappe ouverte, quand on s'est débarrassés du pirate, oui...

— Tous, sauf un.

Honest Gjon tendit cent crédits au garçon.

— Prends, Boba, tu l'as amplement mérité. Surtout que tu en auras bien besoin, sur Coruscant.

Boba enfouit le billet dans sa poche, avec les dix malheureux crédits qui lui restaient de Whrr.

Bon. Même s'il avait échoué, pour l'argent, il savait que Jango Fett l'aurait félicité. Il avait découvert ce qu'il était venu chercher sur les Lunes de Bogden. Et il s'était fait des amis, en plus... Non, pas des amis... des alliés.

Ni amis, ni ennemis. Juste des alliés, et des adversaires.

À présent, cap sur Coruscant, où il trouverait le Comte Tyranus.

Il serra la main de Honest Gjon, mais Aia insista pour l'embrasser.

— Oh, cher Boba, poursuis ta quête, oui. Mais, surtout, sois vigilant, tu accordes trop facilement ta confiance. Garde toujours un œil dans le dos, oui.

— T'inquiète, Aia. Merci, merci beaucoup.

Ils s'étreignirent encore plus fort. Ensuite, Boba grimpa dans le cockpit de son vaisseau et décolla.

Ce ne fut qu'une fois loin, au plus profond de l'espace, prêt à passer en hyperdrive, qu'il remarqua que le billet de cent crédits avait disparu de sa poche.

Le billet de cent crédits... et celui de dix, aussi.

CHAPITRE XXII

Dans la toile complexe et infinie des mondes civilisés et semi-civilisés qui tissent le Noyau Galactique, certaines planètes sont ténébreuses, difficiles à localiser. D'autres, au contraire, sont difficiles à manquer.

Coruscant appartient à cette seconde catégorie.

Ses coordonnées sont on ne peut plus simples : 000.

C'est ici que la civilisation commence. Au cœur exact des mondes du Noyau ; pile au centre de l'Univers Connu.

Slave I quitta l'hyperespace dans une secousse qui éveilla Boba. Il était en vue de Coruscant.

Coruscant, la légendaire cité-planète…

Une gigantesque métropole recouvrait l'ensemble du globe. Partout, des constructions fleurissaient. Des rues, des bâtiments ; des palaces et des taudis sordides. Des magasins, des tavernes ; des quartiers chics, des quartiers pauvres.

Et pas une once de nature. Nulle part. Pas de régions sauvages, pas de sommets enneigés. Tout juste quelques mers artificielles et des jardins factices…

Une ville à échelle planétaire, ouverte à tous sans distinction, accueillant aujourd'hui *Slave I* comme elle accueillait en son sein pèlerins et pirates, politiciens et anarchistes, vagabonds et voyageurs depuis les balbutiements de la République, il y avait de cela des milliers d'années.

Au tour de Boba Fett, maintenant…

Au tour d'un orphelin ne cherchant qu'à honorer la mémoire de son défunt père…

Slave I dépassa les miroirs orbitaux géants qui concentraient les rayons du soleil sur Coruscant. Il traversa l'atmosphère de la planète, régressa enfin et entama sa descente.

Il slaloma entre les gratte-ciel des puissants et des nantis, les jardins suspendus, les zones commerciales réservées aux visiteurs inattendus. Il y avait une telle concentration de monde, une telle circulation que les manœuvres d'approche s'avérèrent plus délicates que sur Kamino ou les Lunes de Bogden.

Le cœur de Boba se serra dans sa poitrine. Le dénicherait-on, ici ?

Il sentit un choc sourd contre la carlingue. Le vaisseau passa soudain en pilotage automatique :

un rayon les remorquait de l'extérieur et s'occupait de guider l'atterrissage.

« Tant mieux ! songea Boba. J'en profiterai pour consulter l'unité-missive de papa... »

On aurait dit que la serrure se déverrouillait chaque fois qu'il avait besoin d'une solution, ou d'un conseil... Et Dieu sait s'il lui en fallait un !

D'abord, il n'avait plus un sou pour acquitter les droits de stationnement qu'on allait lui réclamer sur Coruscant. Ensuite, Taun We l'avait mis en garde : les Jedi le pourchassaient. Et s'ils avaient lancé un mandat contre *Slave I*, hein ? On l'arrêterait dès qu'il toucherait terre !

Il ouvrit le livre-écran et soupira. Le message était encore plus nébuleux que d'habitude... !

Méfie-toi toujours des événements qui se déroulent trop bien.

— Je ne vois vraiment pas en quoi cela concerne ma situation présente ! grommela-t-il, dégoûté, en replaçant le livre dans son sac, avec le casque mandalorien et ses sous-vêtements de rechange.

Le vaisseau ralentit. Boba jeta un coup d'œil nerveux par le hublot. Ils approchaient du spatioport...

Ils glissèrent doucement entre les passages piétons et les jardins éclairés de la ville, puis se posèrent avec légèreté sur la piste.

Aucune alarme ne retentit.

Boba abaissa la passerelle et scruta les environs, prêt à prendre ses jambes à son cou…

Mais il n'y avait personne. Pas de sentinelle, rien.

C'était Coruscant, ça.

Qui, dans cette cité, s'intéresserait à un engin stellaire aussi insignifiant que *Slave I*… ? À un pilote aussi insignifiant qu'un garçon de dix ans ?

Boba respira de soulagement, puis la peur prit le dessus.

Nul n'ignorait que les Jedi avaient des yeux et des oreilles partout… Surtout sur Coruscant.

Et ce que le garçon redoutait par-dessus tout, ce n'était pas tant les Jedi que de trahir Jango en loupant lamentablement sa première mission : prendre contact avec le Comte Tyranus afin d'entrer en possession des économies de son père. Il devait en effet gagner son indépendance avant de devenir un vrai chasseur de primes…

— Bien-ve-nue-sur-Co-rus-cant, ânonna la voix électronique d'un droïde.

— Ouais, c'est ça… maugréa le garçon en sortant du vaisseau, son sac sous le bras.

Il emprunta l'escalator qui menait aux rues, en contrebas du spatioport.

Boba avait lu que la planète était organisée en strates, selon la classe sociale et la fonction des habitants.

Les niveaux supérieurs abritaient les personnages les plus riches, les plus influents. Boba leva les yeux et aperçut les tours et les jardins suspendus qui perçaient les nuages.

Les niveaux intermédiaires, où il avait atterri, étaient réservés aux affaires et au plaisir. Les rues grouillaient de créatures de toutes races ; des badauds, des vendeurs, des acheteurs…

Quant aux niveaux inférieurs, leur réputation de coupe-gorge n'était plus à faire…

Des hors-la-loi de tout poil s'y réfugiaient. Des brigands, des fugitifs, des meurtriers… Tout ce que l'univers pouvait compter de crapules les plus viles, les plus cruelles.

Et c'était là, justement, que se trouvait le « Bar d'Orion »…

Là où Boba devait se rendre…

« Pourvu que tout se passe bien… », pria-t-il intérieurement.

Question péripéties, il avait déjà donné, merci !

La chance suivit le petit garçon.

Le « Bar d'Orion » se situait à l'étage supérieur des niveaux inférieurs, juste sous l'étage inférieur des niveaux intermédiaires.

L'endroit était assez enfoui dans la cité pour requérir un éclairage permanent, mais pas encore assez pour exiger du promeneur qu'il louât les services de gardes du corps…

Le garçon s'engouffra courageusement à l'intérieur, déposa son sac sur le sol et se jucha sur un tabouret.

L'endroit était désert. Seul le propriétaire s'activait derrière son comptoir. Il utilisait deux de ses bras pour nettoyer les verres, le troisième pour compter sa caisse et le quatrième pour essuyer le bar avec un torchon humide. Boba ne savait pas trop à quelle race il appartenait, avec sa peau cramoisie, mais il déchiffra son nom sur l'enseigne : Nan Mercador.

— Tu n'as pas l'âge que je te serve, gamin, grogna le monstre en essorant son chiffon. Fiche le camp !

— Je ne veux pas boire, je ne suis pas un client, répondit Boba. Je cherche quelqu'un. Heu… un… un parent à moi, oui. Il s'appelle…

Boba réfléchit que Tyranus n'était connu des gens que sous une autre identité.

— … Dooku, il s'appelle Dooku.

À ce nom, l'expression du barman s'illumina.

— Dooku ? Oh, mais absolument, c'est un bon copain… ! Attends, mon grand, je le contacte tout de suite !

Mercador composa un numéro sur son communicateur.

— Dooku ? C'est toi ? J'ai un garçon, ici, qui veut te voir… Je branche le CommScreen.

Des parasites crépitèrent à l'écran qui s'alluma derrière le comptoir. Tiens, bizarre, ça… En général, c'étaient les appels longue distance, d'une planète à une autre, qui réclamaient du temps…

Le barman sourit à Boba.

— Je te sers un jus de fruits en attendant que la communication s'établisse ?

— Je n'ai pas d'argent.

— Peuh ! Cadeau de la maison !

La boisson, fraîche et délicieuse, enchanta Boba. Il n'était pas depuis une heure sur Coruscant qu'il avait rencontré un sympathique tenancier qui prévenait le Comte (Dooku ou Tyranus) et lui offrait une tournée !

Ses affaires roulaient merveilleusement… *trop* merveilleusement peut-être… ?

Méfie-toi toujours des événements qui se déroulent trop bien, conseillait l'unité-missive…

Boba se mordit la langue. S'agissait-il d'un piège… ?

Il n'eut pas le loisir d'y penser plus, deux visages familiers se matérialisèrent enfin à l'écran. Le Diollan et le Rodian, les deux chasseurs de primes des Lunes de Bogden ! Et pas trace du Comte !

— Bravo, Mercador, tu l'as eu, cracha le Rodian. Empare-toi de lui et livre-le aux Jedi. Tu auras ta part de la récompense !

Boba voulut s'enfuir… Une forte poigne lui attrapa le bras droit, une autre le bras gauche. Une troisième la jambe gauche, et une quatrième la droite.

Nan Mercador s'extirpa alors de derrière le comptoir et brandit son prisonnier haut au-dessus de sa tête.

— Non ! s'époumona Boba. Lâchez-moi !

— Impossible, mon mignon ! Tu vaux une coquette somme, tu sais !

— Moi ? Vous faites erreur, voyons ! Je…

— Aucune erreur, répliqua le Rodian, à l'écran.

— Les Jedi ont lancé un avis de recherche contre toi, petit, expliqua le Diollan. Eh oui, ta tête est mise à prix… Va, Mercador, les Jedi sont prévenus de ton arrivée.

— Ils te paieront cash, renchérit le Rodian.

Le barman se dirigea vers la porte, Boba toujours au bout de ses quatre bras.

— J'ai droit à cinquante pour cent. Je vous ai épargné le déplacement, je me tape le gros du boulot, quand même… !

— Trop tard. On en a déjà discuté et tout est arrangé avec les Jedi, conclut le Diollan avant de raccrocher.

L'écran s'éteignit.

Boba se débattait comme un beau diable.

« Vite ! Un plan, il me faut un plan ! »

— À votre place, lança-t-il subitement, j'y réfléchirais à deux fois. Le Comte vous offrira au moins le double des Jedi pour ma libération. Et vous n'aurez pas à partager…

Nan Mercador s'arrêta net dans son élan.

— Qu'est-ce que tu me chantes ?

— Reposez-moi par terre. J'appelle le Comte, et vous verrez.

— Tu me prends pour une nouille ? Y a pas cinq minutes, tu ne savais pas où le dénicher, ton Comte Dooku !

— Je vous testais, bluffa Boba sans se départir de son sang-froid.

Il avisa le plafonnier, à quelques centimètres à peine de son pied gauche... Voilà, son plan prenait tournure...

— Je ne vous demande pas de me croire sur parole, ajouta-t-il. Appelez-le vous-même, si vous voulez. Son numéro, c'est le...

Il énuméra une série de chiffres au hasard, tâchant de paraître convaincant.

Le barman se laissa berner, car il lui lâcha une jambe afin de composer le numéro sur son communicateur.

Boba réagit au quart de seconde. Il donna un violent coup de talon dans le plafonnier qui explosa en mille éclats. Des morceaux de verre acérés se mirent à pleuvoir sur le bar, les tabourets, le sol...

Mercador leva les mains pour se protéger. Boba chuta aussitôt. Avec la dextérité d'un plongeur professionnel, il se redressa en plein vol et retomba sur ses pieds. D'un seul élan, il bondit vers la porte d'entrée qui coulissa au même moment...

Une paire de bottes brillantes lui barra la route. Les yeux du garçon remontèrent le long de jolies jambes au galbe parfait...

Une femme éblouissante se tenait debout sur le seuil, un blaster menaçant en joue.

Saisissant brutalement Boba par le coude, elle l'écarta de sa ligne de mire et tira. Nan Mercador hurla en s'écroulant au milieu des tessons.

— J'ai réglé mon arme sur « ASSOMMER », dit-elle. Mais au moindre faux mouvement, elle passe sur « TUER »...

Boba, presque hypnotisé, admirait son sauveur. Elle avait l'air dangereux, intimidant, et ne lui en semblait que plus belle.

— Qui êtes-vous ? demanda-t-il.

— Aurra Sing. Mais aucune importance. Filons d'ici.

Boba obtempéra avec plaisir. Il récupéra son sac et la suivit dehors. Dans la rue ronflait un véhicule à coussin d'air. Ils le rejoignirent rapidement.

— Les chasseurs de primes, raconta-t-il en haletant. Ils m'ont trahi ! Je n'aurais jamais dû leur faire confiance !

— On peut toujours faire confiance à un chasseur de primes... pour exécuter le travail pour lequel on le paie, rétorqua Aurra Sing en ouvrant la portière de son véhicule. Je le sais. Je suis un chasseur de primes moi-même. Monte, jeune Boba Fett.

— Hé ! Comment vous savez mon nom ?

— Un chasseur de primes connaît toujours le nom de sa victime.

Boba étouffa un cri de stupeur. Il recula, mais la femme pointa le doigt en direction du holster qui brillait autant que ses bottes.

— Je te déconseille de jouer au plus malin. Même sur « ASSOMMER », c'est épouvantablement douloureux. Alors, ne m'oblige pas à m'en servir contre toi, cela me navrerait. Monte, à présent !

Boba obéit en ronchonnant. Ils décollèrent.

Dire qu'il se croyait sauvé... Aurra Sing l'avait purement et simplement recapturé !

Tandis qu'ils planaient entre les immeubles, Boba boudait, tassé sur son siège, furieux contre lui-même. Il ressassait avec amertume.

« Le message de papa m'avait pourtant averti ! J'aurais dû m'en douter... quel crétin j'ai fait ! Je ne me fierai plus jamais à personne ! »

Puis, à sa vive surprise, Aurra Sing posa son engin au spatioport, à côté de *Slave I*.

— Mais... vous ne me conduisez pas chez les Jedi ? Je croyais que vous étiez un chasseur de primes... ?

— Je le suis. Mais je ne vendrai mes services aux Jedi pour rien au monde. Mon client, ou mon employeur, si tu préfères, vit sur une autre planète. C'est pourquoi on a besoin de ton vaisseau. Tu sais le piloter, n'est-ce pas ?

— Et si je refuse ?

Elle tapota la crosse de son blaster d'une mine éloquente.

Boba abaissa la passerelle, grimpa par la trappe et procéda aux vérifications d'usage pendant qu'Aurra Sing, à son grand étonnement, réglait les droits de stationnement… gratifiant même d'un pourboire le droïde en faction.

Elle monta à son tour dans le cockpit et donna ses instructions.

— D'abord en orbite, puis en hyperespace. Et pas de blague avec moi, jeune Boba. Je n'ai aucun sens de l'humour.

— Sans rire ? ironisa le garçon à voix basse. Au fait, ça vous dérangerait de me dire qui a mis ma tête à prix, et où on va ?

— Tu découvriras *qui* bien assez tôt. Quant à notre destination, il s'agit d'une planète de la Bordure Extérieure : Raxus Prime.

— Pardon ? J'ai mal entendu, là… Raxus Prime ? Vous vous trompez, c'est une planète absolument inhabitable, non ?

— En effet. Et nous sommes en retard. Alors, finis les bla-bla et partons !

CHAPITRE XXIII

Raxus Prime, la planète la plus toxique de la galaxie.

La poubelle d'un millier de civilisations.

De loin, cependant, il n'y paraissait pas. On n'apercevait qu'un amas de nuages tournoyants aux teintes spectaculaires : rouge écarlate, vert, jaune.

« Ça ressemble à Kamino », constata Boba en quittant l'hyperespace afin de se placer en orbite.

Mais lorsque *Slave I* traversa cette frange nébuleuse, Boba réalisa qu'elle n'était constituée que de vapeurs épaisses et de gaz délétères... Ça empestait tellement que l'odeur nauséabonde, suffocante, pénétra même les systèmes électroniques du vaisseau.

Une puanteur infecte mais des coloris somptueux : la pollution embrase et exacerbe les levers de soleil !

À l'évidence, l'atmosphère fétide n'incommodait pas Aurra Sing. Rien ne semblait l'incommoder, de toute façon…

— Ralentis, Boba, et navigue à basse altitude, dit-elle.

Elle n'avait pas desserré les dents de tout le voyage depuis Coruscant. Des heures de silence. Ce qui avait parfaitement convenu à Boba. Il n'avait rien à lui dire. Elle n'était pas son alliée, mais son adversaire.

Slave I se rapprocha de la surface de la planète. Triste spectacle d'apocalypse des temps modernes…

Un vrai dépotoir. Des monticules d'ordures abjectes, de déchets organiques et mécaniques, de décombres en tout genre… De grotesques chaînes de montagnes composées d'immondices.

Des épaves rouillées, des armes brûlées, des machines démantibulées, des tertres de verre, des piles d'acier à demi ensevelis sous d'immenses crassiers. Et le tout fumant et suintant, se déversant alentour, empoisonnant aussi bien l'air que l'eau.

En apparence, la mort régnait mais, en observant avec attention, Boba surprit de petites créatures au pelage brun qui détalaient parmi la fange et les détritus gluants. Il vit également des oiseaux couleur de boue, comme des souillures contre le ciel.

Mais pas de ville, nulle part. Juste une haute cheminée vomissant des émanations huileuses qui indiquait, tous les deux ou trois kilomètres, l'emplacement d'une raffinerie, ou d'une usine de recyclage, dirigée par des droïdes maculés de graisse.

— Ralentis encore, gamin.

Aurra Sing consulta un code sur sa montre-bracelet. Elle ajouta :

— Longe le coin, on y est presque. Cherche un coteau avec un lac.

Le coteau : un autre tas d'ordures infectes de mille mètres de haut, sur les pentes dévastées duquel poussaient des arbres mutants, sans feuilles, au tronc tordu, aux branches difformes. Des arbres que nourrissait la pluie incessante des nuages asphyxiants.

Le lac : une mare de liquide verdâtre.

Se conformant toujours aux instructions d'Aurra Sing, Boba se posa sur une bande de terrain plat, entre le lac et la base de la colline.

— Bien, lança la femme. N'arrête pas les moteurs. Je repars. Toi, tu restes. C'est ainsi.

— Vous ne pouvez pas m'abandonner ! s'égosilla le garçon. Vous ne pouvez pas me dérober mon vaisseau comme une vulgaire voleuse !

— Je ne te vole rien du tout, jeune Boba Fett. Ton vaisseau est ma paie, je te signale.

Elle ouvrit la trappe, abaissa la passerelle.

— À mon départ, une porte s'ouvrira, à flanc de coteau. Mon client t'attend à l'intérieur. Et n'oublie pas ton sac !

Sur quoi, elle le lui jeta dehors, dans les détritus. Boba courut le ramasser.

Elle referma la trappe. Boba bourra la coque du navire de coups rageurs.

— Je vous avertis, hurla-t-il, si vous décollez, je ne vais pas voir votre bonhomme et je m'échappe !

— Regarde un peu autour de toi et sois objectif : où comptes-tu aller, hein ? Allons, Boba, adieu, et bonne chance. J'espère que tu feras honneur à la réputation de ton père. Jango Fett était unique. Qui sait, peut-être l'égaleras-tu un jour... Oui, tu l'as bien manipulé, le barman, à Coruscant...

Le garçon n'en revenait pas.

D'abord, elle le sauvait, puis le trahissait, puis le dépouillait, et maintenant, elle le complimentait ! Ce qui ne l'empêchait pas de l'abandonner sur la planète poubelle de la galaxie !

Il martela à nouveau la trappe de ses poings. En vain. Elle se verrouilla dans un sifflement et les moteurs rugirent.

Il recula et contempla, impuissant, son précieux *Slave I* qui s'élevait dans les nuages... et disparaissait.

Et voilà. Pour le coup, il se sentait vraiment seul ! Et à des années-lumière de redonner sa confiance à quelqu'un !

Les larmes affluèrent. Attention, Boba... ne pleure pas, surtout !

La pollution était intenable. Il ne pouvait presque plus respirer, quand une porte, dans la colline, s'ouvrit sur un hall brillamment éclairé, au fond duquel montait un escalier moquetté.

Boba n'attendit pas qu'on le conviât à entrer. Toussant et nauséeux, il se rua à l'intérieur...

La porte se referma en coulissant.

— Bienvenue sur Raxus Prime, Boba Fett, dit une voix familière dans son dos.

Il se retourna et reconnut aussitôt ce visage émacié, strié de rides, ces yeux de rapace...

— Comte Tyranus ! Heu, je veux dire, Monsieur le Comte Dooku, ça alors !

— Tu fais partie de mes proches, à présent, Boba. Tu peux m'appeler comme tu veux. Comte suffira.

— Mon père m'avait recommandé de vous retrouver !

— Je sais. Et moi, de mon côté, je me suis assuré que tu y parviennes. Je constate qu'Aurra Sing a fait de l'excellent travail.

— Oui, monsieur. Enfin, non, parce que, vous comprenez, elle m'a, oui, elle m'a volé mon vaisseau et...

Le Comte sourit. Il l'arrêta d'un geste.

— Ne t'inquiète pas. Ton vaisseau est en sécurité. Je te garantis que tout ira bien, désormais.

Mais tu dois être fatigué, après toutes ces aventures…

Boba acquiesça. C'était le moins que l'on puisse dire !

Le Comte lui posa sa main glacée sur la tête…

— Je m'occupe de tout. Ne te fais plus le moindre souci. Viens, je vais te montrer ta chambre. Et laisse-moi porter ton sac…

Le garçon le suivit dans l'escalier, goûtant la douceur moelleuse de la moquette. Qui aurait pu imaginer qu'une demeure si élégante se cachait sur Raxus Prime ? Même l'air était agréable, léger. Il y flottait à peine un minuscule relent de la fétidité extérieure…

— J'ai de grands projets pour toi, Boba, reprit le Comte. Des projets qui auraient comblé ton père d'orgueil, crois-moi. Mais avant tout, il faut que tu te reposes.

« Entièrement d'accord ! », pensa le garçon, harassé.

En quelques jours, depuis la mort de Jango, il était allé de péripétie en péripétie !

Il avait semé le chasseur Jedi, sur Géonosis ; fui la femme Jedi, sur Kamino ; récupéré son vaisseau et participé au détournement raté de la fausse monnaie, sur les Lunes de Bogden ; il s'était bagarré avec le tavernier aux quatre bras, sur Coruscant…

Il avait perdu *Slave I*, mais, apparemment, le Comte allait le lui restituer…

Oui, cela faisait quand même beaucoup, tout ça, pour un jeune garçon de dix ans… Il était réellement très, très fatigué. Et, pire encore, il se sentait perdu. Ses idées embrouillées.

Il aurait dû être content, soulagé. Il avait accompli la première partie de sa quête, il avait retrouvé Tyranus. Il chercherait à présent la Connaissance, le Savoir, auprès de Jabba le Hutt… Et puis, après, le Puissance, le Pouvoir.

Alors, pourquoi un frisson de terreur lui avait-il parcouru l'échine lorsque le Comte avait posé la main sur sa tête ?

« Bof, probablement les nerfs, songea Boba. Ils ont été mis à rude épreuve ! »

Tant de questions demeuraient en suspens ; tant de choses qu'il ne comprenait pas encore… à commencer par cette guerre, avec l'armée de clones…

Sur les talons du Comte, il gravissait lentement les marches qui menaient à sa chambre…

À sa chambre, et à son mystérieux avenir…

STAR WARS™

EPISODE II

L'attaque des clones

Il y a bien longtemps dans une lointaine galaxie… Un monde se meurt. Une armée se lève. Un amour interdit voit le jour. La menace se précise. La saga continue.

EPISODE I

La menace fantôme

Il y a bien longtemps, dans une lointaine galaxie… Un monde est sur le point de basculer. Une jeune reine doit sauver son peuple. Un jeune Jedi est découvert… Toute génération a une légende. Tout voyage a une première étape. Toute histoire a un commencement.

Journal d'Amidala

Ma planète est attaquée. Ma vie est en danger. Mais je dois être forte. Je dois sauver mon peuple. Je ferai appel à tous mes pouvoirs. Je n'abandonnerai jamais. Mon nom est Amidala, reine de Naboo. Voici mon histoire.

Journal d'Anakin Skywalker

J'ai neuf ans. Je suis esclave sur la planète Tatooine. Je suis la propriété d'une créature nommée Watoo. Je n'ai aucun moyen de m'échapper. Un jour, un Jedi a débarqué sur ma planète. Il a dit qu'il sentait la Force en moi. Peut-être deviendrai-je un Jedi. Mais je devrai d'abord faire mes preuves. Avant tout, je dois survivre. Mon nom est Anakin Skywalker. Voici mon histoire.

STAR WARS™

LES APPRENTIS JEDI

1. Premières armes
2. La menace surgie du passé
3. Les voleurs de mémoire
4. La marque royale
   (à paraître en juin 2002)

Composition : Francisco *Compo*
61290 Longny-au-Perche

Imprimé en France sur Presse Offset par

BRODARD & TAUPIN

GROUPE CPI

La Flèche (Sarthe), le 03-04-2002
N° d'impression : 12318

Dépôt légal : mai 2002

POCKET jeunesse 12, avenue d'Italie • 75627 PARIS Cedex 13
Tél. : 01.44.16.05.00